职业院校电子商务专业精品系列课程

电子商务创业

主　编　肖细根

中国财富出版社有限公司

图书在版编目（CIP）数据

电子商务创业／肖细根主编．—北京：中国财富出版社有限公司，2021.4
（职业院校电子商务专业精品系列课程）
ISBN 978－7－5047－7385－2

Ⅰ．①电…　Ⅱ．①肖…　Ⅲ．①电子商务－创业－高等职业教育－教材
Ⅳ．①F713.36

中国版本图书馆 CIP 数据核字（2021）第 050468 号

策划编辑　李彩琴　　**责任编辑**　张红燕　孟　婷
责任印制　尚立业　　**责任校对**　孙丽丽　　**责任发行**　董　倩

出版发行　中国财富出版社有限公司
社　　址　北京市丰台区南四环西路 188 号 5 区 20 楼　　**邮政编码**　100070
电　　话　010－52227588 转 2098（发行部）　010－52227588 转 321（总编室）
010－52227588 转 100（读者服务部）　010－52227588 转 305（质检部）
网　　址　http：//www.cfpress.com.cn　　**排　　版**　宝蕾元
经　　销　新华书店　　**印　　刷**　北京九州迅驰传媒文化有限公司
书　　号　ISBN 978－7－5047－7385－2/F·3286
开　　本　787mm×1092mm　1/16　　**版　　次**　2021 年 6 月第 1 版
印　　张　8.25　　**印　　次**　2021 年 6 月第 1 次印刷
字　　数　166 千字　　**定　　价**　42.00 元

内容提要

本书结合当下“大众创业、万众创新”的政策背景，以培养学生创新创业思维与能力为主线，引入大量成功的电子商务（以下简称电商）创业真实案例，介绍了电商创业过程中应当具备的知识与技能，具体包括认识电商创业、电商创业准备、电商创业的盈利模式、电商推广、大学生创新创业案例赏析。

本书依据翻转课堂与“项目引领、任务驱动”的教学模式编写，每个学习任务都安排了课前学习、课中学习、课后提升的环节，并在每个项目中安排了“课程思政”，以培养学生社会责任感与民族自信心。

本书可作为中高等职业学校电子商务等专业的教材，也可作为网络创业者和电子商务从业人员的参考用书。

前　言

《国家创新驱动发展战略纲要》提出，我国到2020年进入创新型国家行列、到2030年跻身创新型国家前列、到2050年建成世界科技创新强国的“三步走”战略目标。为推动创新创业，激发全社会创造活力，国家鼓励人人创新，倡议创客文化进学校，设立创新创业课程，开展品牌性创客活动，鼓励学生动手、实践、创业。

为了响应国家号召，壮大创新主体，推动教育创新，改革人才培养模式，我们编写本教材。编者在教材编写上加入“课程思政”，不仅培养学生的创业思维与能力，还培养学生的社会责任感、民族自信心。

同时，该教材为了凸显学生在教学组织中的主体地位，创新内容组织形式，以翻转课堂与“项目引领、任务驱动”的教学模式编写，每个学习任务都从课前学习、课中学习、课后提升三个方面进行设计，重在培养学生自主学习、独立思考的能力。

本书共分为五个项目，包括认识电商创业、电商创业准备、电商创业的盈利模式、电商推广、大学生创新创业案例赏析，项目中引入了成功的电商创业真实案例，帮助学生“思、学、练”紧密结合，获得创新创业知识和技能的同时，从多领域、多视角理解电商创业。

本书适合作为中高等职业院校电子商务、经济管理等专业的教材，也可作为企业创业人员、管理人员和电商从业人员的自学用书，还可以作为相关培训班的教学用书。本书在编写的过程中，参考并汲取了一些专家和学者的成果，在此表示感谢！虽然编写团队在创新创业教育方面已有一定的积淀，但难免存在一些疏漏之处，敬请专家和读者批评指正，以便在以后的修订中进一步完善。

编　者

2021年2月

目　录

项目一 认识电商创业

项目导入

习近平总书记强调："创新是社会进步的灵魂，创业是推动经济社会发展、改善民生的重要途径。"电商是国民经济中的重要一部分。现在，越来越多的人加入了电商创业的大潮中，"大众创业、万众创新"形势一片大好。初识电商创业，需要从创业者自身认识、电商创业环境分析、公司注册及电商营业执照申请方面进行学习。

学习目标

知识目标

1. 了解创业者的必备能力与基本素质。
2. 理解电商创业环境分析的意义。
3. 掌握电商创业环境分析的方法。
4. 明白公司注册及电商营业执照申请的方法。

技能目标

1. 培养学生具有创业者的必备能力与基本素质。
2. 能够科学合理地分析电商创业环境。
3. 能够进行公司注册及电商营业执照申请。

思政目标

了解"大众创业、万众创新"的战略部署。

任务分解

本项目包含了以下三个任务：

任务一 创业者自身认识

任务二　电商创业环境分析

任务三　公司注册及电商营业执照申请

本项目旨在通过创业者自身认识、电商创业环境分析、公司注册及电商营业执照申请等来引导学生了解电商创业；通过案例学习，使学生加深理解电商创业的基本知识。

任务一　创业者自身认识

2018 年在各级市场监督管理部门首次登记注册的市场主体中，16～35 岁的青年创业者有 758.0 万人，其中大学生创业者 67.9 万人，比上年增加 3.5 万人，增长 5.4%。2014 年以来，大学生创业规模持续逐年递增，年均增长率超过 9.0%。[①] 大学生创业规模不断扩大，但创业毕竟是条艰难的路，成功者注定只是少数。创业者自身的能力、素养对于创业影响重大，作为创业者需要加强自我认识，不断提升自身的综合能力以及个人素养。

课前学习

学生自行收集资料，了解创业者自身认识的相关知识，自学本任务中的知识内容，并结合自学结果以小组形式进行如下问题的讨论。

（1）创业者需要具备哪些基本素质？

（2）假如你要通过电商实现自己的创业梦想，现阶段需要培养自己的哪些能力？

课中学习

案例导入

霸蛮创始人张天一：从北大硕士到米粉店老板

人物介绍

张天一，2014 年 7 月北京大学国际金融法硕士毕业，于 2014 年 4 月和几个同学凑钱在北京东三环环球金融中心地下一层开了第一家“伏牛堂”，主营湖南常德牛肉米粉。

2015 年，张天一获得青骢资本、分享投资数千万元的 A 轮融资。

---

① 资料来源：人民日报海外版 2020－02－04。

2016年，张天一推出盒装米粉，2016年11月，张天一先后在天猫、京东、盒马鲜生等渠道布局，售卖速煮牛肉粉，月销售量突破30万份。

2018年4月，张天一宣布品牌升级，“伏牛堂”更名为“霸蛮”。同时宣布完成数千万元的B轮融资，公司估值5亿元。

如今7年过去了，“霸蛮”牛肉粉已经是一个颇具规模的企业，上百家门店拥有近千名员工，估值数十亿元。

张天一创业成功的原因

机会是给有准备的人，你需要做好充足的准备。张天一告诉自己：不管未来如何，用心把自己喜欢的事情做好，就已经是人生赢家了。他不断地尝试，精益求精，他把牛肉米粉的原材料做到以克计算，才有了“伏牛堂”的米粉配方。

不解决情绪，只解决问题。张天一认为，创业是一场创业者不断克服内心恐惧与煎熬的旅程，过于关注自己内心的创业者注定会失败。因为创业者根本没有时间去解决情绪，更好的方式，或许是专注解决问题。

实践才是硬道理，质量才是真正的保障。内功大于招式，张天一认为招式就是做某一特定事情的能力，内功就是做事的底层能力，如逻辑思维能力、谈判与表达能力、自我反思能力、坚韧不拔的毅力等。只有不断提升自己的内功，才能有足够的能力去迎接创业的艰辛和创业途中的未知，把一切想法付诸实践行动。张天一注重质量的保证，在食材上，“伏牛堂”坚持米粉和著名集团合作，牛肉坚持与当地知名牛肉供应商合作，选择上等优质牛肉。在味道上，“伏牛堂”坚持自身产品特色“辣”，这是为了唤醒湖南人共同的记忆，也就是家乡的味道。

借助互联网，为实体店插上翅膀。在互联网快速发展的今天，张天一合理利用了互联网资源实现利益最大化。首先，借助互联网吸引人流。其次，借助互联网精确找到消费者。最后，借助互联网保持核心竞争力。

（案例来源：搜狐网，《张天一（伏牛堂创始人）》，https：//m. sohu. com/a/260487923_270788，有删减和改编。）

案例思考

结合案例，分析作为一个创业者需要具备哪些素质。

一、创业者的必备能力

1. 敏锐的市场分析与洞察能力

创业者，其决策影响着企业的发展方向，甚至决定着企业的生死存亡。因此对于创业者来说，具备敏锐的市场分析与洞察能力相当重要。创业者要时刻关注市场行情，能够通过科学的知识、方法以及经验判断市场走势，灵敏地嗅出市场商机，不失时机地促进企业发展。

2. 专业的行业知识和技能

作为创业者，不仅要具备专业的行业知识，还要掌握专业的行业技能，只有这样才能在工作中面面俱到，才能够游刃有余地解决创业过程中遇到的各种行业问题。比如案例中，作为主营牛肉粉的商家，张天一需要从牛肉粉的选材、配方的研制、店铺的日常运作、品牌的运营与推广等多方面学习，掌握餐饮行业的专业知识与技能。

3. 组织、协调、管理能力

创业者是团队的核心，在明确的创业目标下，创业者要能够将目标进行细致分解，围绕目标调动各种资源，同时能够科学规范地组织、管理团队成员，发挥各个团队成员的优势，调动成员的工作热情与积极性，带领团队成员朝着共同的目标努力奋斗。

4. 良好的人际交往能力

人际交往能力是指妥善处理组织内外关系的能力，包括与周围环境建立广泛联系和对外界信息的吸收、转化能力，以及正确处理上下左右关系的能力。作为创业者，具备良好的人际交往能力十分重要。良好的人际交往能力既有助于创业者协调团队内各部门成员间的关系，也能够改善与消费者、合作伙伴、新闻媒体等的关系，营造良好和谐的内外部环境，帮助创业者创业成功。通常人际交往能力包括表达理解能力、人际融合能力、解决问题的能力。在创业过程中，创业者要具备宽广博大的胸怀，诚实守信的品质以及脚踏实地的实干精神，这样更易获得他人认可，有助于建立良好的人际关系。

5. 与时俱进的学习力

学习力是指一个人或一个企业、一个组织学习的动力、毅力和能力的综合体现，是把知识资源转化为知识资本的能力。① 随着“互联网＋”时代的到来，许多传统的商业模式发生了变化，也衍生出了许多新的经济行业，创业者作为团队的领头羊，带领团队成员在摸索中前行，更是要活到老学到老，紧跟时代步伐，在日新月异的大环境背景下保持充沛的学习力，不断地汲取新的行业知识、技能，以及新的管理理念、营销模式等，让自己做到与时俱进。

6. 善于反省与总结

“路漫漫其修远兮，吾将上下而求索。”创业是一条需要不断摸索前行、充满未知

---

① 资料来源：MBA 智库百科。

艰辛的曲折道路，创业者在创业过程中难免会犯错误，创业者要具有反省与总结能力，能够及时地进行反省和总结，发现并改正错误。

二、创业者的基本素质要求

1. 良好的心理素质

所谓心理素质是指创业者的心理条件，包括自我意识、性格、气质、情感等。① 在创业的过程中，创业者可能会面临各种各样的问题，如资金短缺、销售困难、货源不佳、知识不足等，面对这些困难，创业者要具有强大的心理承受能力以及自我调节能力，善于自我调整，克服消极情绪。成功的创业者其自我意识特征多为自信、自主，性格多刚强、坚忍、果断和开朗，情感更富有理性色彩。

2. 较强的身体素质

俗话说，万事开头难。在创业中，创业者面临各种各样的繁杂工作，如企业注册、选址，人员招聘，业务开拓，公司规章制度制定等，工作内容庞杂，工作时间长、压力大，如果没有一个健康的身体，必然力不从心，难以承受创业的艰辛。因此创业者不仅要培养积极乐观的心态，还要力争做到身体健康、体力充沛，具有较强的身体素质。

3. 较高的知识素养

在“大众创业、万众创新”的时代，创业者仅凭热情、勇气、经验或单一的专业知识想在成千上万的创业群体中脱颖而出是很困难的。作为创业者，要想运用创造性思维，作出正确决策，必须掌握渊博的知识，具有一专多能的知识结构。具体来说，创业者的知识结构应包括国家的政策、法规，经营管理的知识和方法，与本行业相关的科学知识，基本的市场经济方面的知识（如财务会计、市场营销、国际贸易、国际金融知识等），以及其他通识性知识。例如，案例中张天一自身具备的法学知识、新媒体知识、写作知识等在其创业过程中都发挥出了极大的作用。

课后提升

扫描右侧二维码，观看视频《电商创业认知》，并思考如何进行自我素质的培养与提升。

① 资料来源：MBA 智库百科创业者词条下的“创业者的基本素质要求”。

任务二　电商创业环境分析

在移动互联网时代，电商作为一种重要的新兴产业，有“朝阳产业”“绿色产业”之称，其具有的市场全球化、交易连续化、成本低廉化、资源集约化等优势吸引着众多怀揣梦想的创业者。创业环境是影响电商创业能否成功的重要因素，了解电商创业环境，学会电商创业环境分析是电商创业必不可少的一步。

课前学习

学生自行收集资料，了解电商创业环境的相关知识，自学本任务中的知识内容，并结合自学结果以小组形式进行如下问题的讨论。

（1）电商创业环境分析的意义是什么？

（2）张华家乡是江西省遂川县，该县以盛产狗牯脑茶而闻名，张华拟定开设一家以销售狗牯脑茶为主的淘宝店铺，请收集资料并运用 SWOT 分析法[①]帮助他完成开店前的调研分析。

课中学习

案例导入

中国互联网络发展状况

2019 年 8 月 30 日，中国互联网络信息中心（CNNIC）在北京发布第 44 次《中国互联网络发展状况统计报告》（以下简称报告）。报告从互联网基础建设、网民规模及结构、互联网应用发展、互联网政务应用发展和互联网安全等多个方面展示了 2019 年上半年我国互联网发展状况。

报告显示，2019 年上半年我国互联网普及率超过六成，移动互联网使用持续深化。截至 2019 年 6 月，我国网民规模达 8.54 亿，较 2018 年年底增长 2598 万，互联网普及率达 61.2%，较 2018 年年底提升 1.6 个百分点；我国手机网民规模达 8.47 亿，较 2018 年年底增长 2984 万，网民使用手机上网的比例达 99.1%，较 2018 年年底提升 0.5 个百分点。与五年前相比，移动宽带平均下载速率提升约 6 倍，手机上网流量资费水

① SWOT 分析法：将企业内外部条件各方面内容进行综合和概括，进而分析组织的优劣势、面临的机会和威胁的一种方法。

平降幅超90%。“提速降费”推动移动互联网流量大幅增长，用户月均使用移动流量达7.2GB，为全球平均水平的1.2倍；移动互联网接入流量消费达553.9亿GB，同比增长107.3%。

报告显示，下沉市场释放消费动能，跨境电商等领域持续发展。截至2019年6月，我国网络购物用户规模达6.39亿，较2018年年底增长2871万，占网民整体的74.8%。网络购物市场保持较快发展，下沉市场、跨境电商、模式创新为网络购物市场提供了新的增长动能：在地域方面，以中小城市及农村地区为代表的下沉市场拓展了网络消费增长空间，电商平台加速渠道下沉；在业态方面，跨境电商零售进口额持续增长，利好政策进一步推动行业发展；在模式方面，直播带货、工厂电商、社区零售等新模式蓬勃发展，成为网络消费增长新亮点。

报告显示，网络视频运营更加专业，娱乐内容生态逐步构建。截至2019年6月，我国网络视频用户规模达7.59亿，较2018年年底增长3391万，占网民总数的88.8%。各大视频平台进一步细分内容品类，并对其进行专业化生产和运营，行业的娱乐内容生态逐渐形成；各平台以电视剧、电影、综艺、动漫等核心产品类型为基础，不断向游戏、电竞、音乐等新兴产品类型拓展，以IP（Intellectual Property，知识产权）为中心，通过整合平台内外资源实现联动，形成视频内容与音乐、文学、游戏、电商等领域协同的娱乐内容生态。

报告显示，在线教育应用稳中有进，弥补乡村教育短板。截至2019年6月，我国在线教育用户规模达2.32亿人，较2018年年底增长3122万人，占网民总数的27.2%。随着在线教育的发展，部分乡村地区视频会议室、直播录像室、多媒体教室等硬件设施不断完善，名校名师课堂下乡、家长课堂等形式逐渐普及，为乡村教育发展提供了新的解决方案。通过互联网手段弥补乡村教育短板，为偏远地区青少年通过教育改变命运提供了可能，为我国各地区教育均衡发展提供了条件。

（案例来源：中国网信网，CNNIC发布第44次《中国互联网络发展状况统计报告》，http：//www.cac.gov.cn/2019-08/30/c_1124939590.htm，节选，有删减。）

案例思考

结合材料，分析当前社会环境对电商创业的影响。

一、电商创业环境分析的意义

任何企业的经营活动，都是在市场中进行的，而市场又受国家政治、经济、技术、社会文化等环境因素的限定与影响。所以，无论从事何种创业活动，必须从环境的研究与分析开始。电商创业依托电商的发展，我国电商产业经过数十年的高速发展，历经市场需求探索、多次模式创新及激烈竞争，现已形成较为稳定的商业模式及产业格局。在现阶段进行电商创业，研究与分析创业环境尤为重要，其意义体现在以下方面。

1. 指导创业

创业活动与其所处的环境密不可分，能够相互作用、相互影响。电商创业作为自主创业的一种重要模式，其利用电商平台既节约成本，又利于打开、提高品牌知名度，每年我国都有数以万计的电商创业项目应运而生。研究电商创业环境，了解电商创业的政策红利，分析所选电商项目的行业现状、市场前景等，有利于创业者整体把握创业项目的市场前景，评估自己的创业能力，做好创业的前期准备工作。

2. 规避风险

创业的人很多，但成功的人很少，电商行业创业的成功率更低。究其原因，除了创业者自身能力不足、资金短缺等因素，创业环境的影响也是重要方面，比如，政府服务意识不高、相关法律法规不健全等。通过研究创业环境，创业者能够了解当前电商项目的行业风险、政策风险、竞争风险、财务风险等，从而规避创业风险，减少创业环境的不利影响，提高创业的成功率。

3. 建立有效的创业环境支持体系

创业环境对创业的影响表现在资金支持、政策鼓励、教育和培训、基础设施、市场开放程度和进入障碍等方面。自 2014 年 9 月夏季达沃斯论坛上李克强总理提出，要在 960 万平方千米土地上掀起“大众创业”“草根创业”的新浪潮，形成“万众创新”“人人创新”的新势态，此后，国家及地方政府多次出台有关“大众创业、万众创新”的相关政策规章。截至 2019 年 6 月，我国针对创业就业主要环节和关键领域陆续推出了 89 项税收优惠措施，尤其是 2013 年以来，新出台了 78 项税收优惠，覆盖企业整个生命周期。① 当前电商创业的环境极具优势，但电商创业项目不同，其面临的行业风险、销售渠道风险、管理风险、财务风险等不同，且不同的因素对创业的影响程度不同，同一环境因素对于创业的不同阶段产生的影响也不同。因此研究电商创业环境，有助于创业者结合创业项目正确评估创业环境的影响程度，从而建立有效的创业环境支持体系。

二、电商创业环境分析的方法

企业环境分析是指通过对影响企业经营的各种内外因素和作用的评估、平衡，以

---

① 资料来源：《“大众创业 万众创新”税收优惠政策指引》。

辩证、系统的观点，审时度势，趋利避害，适时采取对策，作出适应环境的动态抉择，以维持企业生存，促进企业发展。① 常用以下两种方法对电商创业环境进行分析。

（一）PEST 分析法

PEST 分析是指宏观环境的分析，宏观环境又称一般环境，指影响一切行业和企业的各种宏观力量。电商创业者对宏观环境因素做分析时，不同创业项目有其自身特点和经营需要，分析的具体内容会有差异，但一般都应对政治（Political）、经济（Economic）、社会（Social）和科技（Technology）这四大类影响企业的主要外部环境因素进行分析。简单而言，称为 PEST 分析法。

1. 政治环境

政治环境包括一个国家的政府行为、法律法规、路线、方针、政策等，分析电商创业的政治环境主要是从信贷政策、税收政策、财政补贴、法律支持等方面进行。我国先后出台了一系列扶持和规范电商发展的政策措施，各地政府也不断加大对电商发展的扶持力度，促进了电商市场发展的规范化，推动了电商创业的健康有序发展，表 1－1为中国电商行业相关政策汇总一览。

表 1－1　　中国电商行业相关政策汇总一览②

时间	发文单位	文件名称
2018 年 3 月	商务部	《关于做好电子商务统计工作的通知》
2018 年 4 月	海关总署	《关于规范跨境电子商务支付企业登记管理》
2018 年 5 月	财政部	《关于开展 2018 年电子商务进农村综合示范工作的通知》
2018 年 7 月	国务院	《关于同意在北京等 22 个城市设立跨境电子商务综合试验区的批复》
2018 年 8 月	知识产权局	《关于深化电子商务领域知识产权保护专项整治工作的通知》
2018 年 9 月	财政部、税务总局、商务部、海关总署	《关于跨境电子商务综合试验区零售出口货物税收政策的通知》
2018 年 11 月	财政部、税务总局、海关总署	《关于完善跨境电子商务零售进口税收政策的通知》

① 资料来源：MBA 智库百科。

② 资料来源：中商产业研究院，https：//wk. askci. com/details/410b8e0556bd4223b5085696e00028d0/，有改动。

续表

时间	发文单位	文件名称
2018 年 11 月	海关总署	《关于实时获取跨境电子商务平台企业支付相关原始数据有关事宜的公告》
2018 年 12 月	海关总署	《关于跨境电子商务零售进出口商品有关监管事宜的公告》
	市场监督管理总局	《关于做好电子商务经营者登记工作的意见》
2019 年 1 月	国务院	《关于深入开展消费扶贫助力打赢脱贫攻坚战的指导意见》
2019 年 2 月	中共中央、国务院	《关于促进小农户和现代农业发展有机衔接的意见》
2019 年 5 月	中共中央、国务院	《关于建立健全城乡融合发展体制机制和政策体系的意见》
	财政部、商务部	《关于开展 2019 年电子商务进农村综合示范工作的通知》

“大众创业、万众创新”作为我国的国家战略，在全国范围内掀起了一股创业创新的风潮。为支持大学生创业，国家和各级政府出台了许多优惠政策，涉及融资、开业、税收、创业培训、创业指导等诸多方面。比如，2019 年，江西省针对高校毕业生推出“毕业 5 年内自主创业的高校毕业生（含符合政策规定条件的留学回国人员），已进行就业登记并交纳社会保险的，给予社会保险补贴，补贴标准原则上不超过其实际缴费的 2/3，补贴期限最长不超过 3 年”“在本省行政区域内创办企业或从事个体经营的在校生和毕业后 5 年内的高校毕业生，可享受 5000 元一次性创业补贴”“在江西创业的高校毕业生，符合创业担保贷款条件的，个人可申请最高 20 万元的创业担保贷款；合伙创业的，可申请最高 80 万元的创业担保贷款；高校毕业生创办的小微企业，可申请最高不超过 400 万元的创业担保贷款”等，多项补贴、多种扶持政策为高校毕业生就业“解忧”“助力”。

2. 经济环境

经济环境包括经济结构、经济发展阶段、经济周期、国民收入及其变化趋势以及资本市场发育程度等，其影响着创业项目潜在市场的大小。目前，宏观经济为电子商务的发展创造了有利契机。上海财经大学高等研究院发布的《中国宏观经济形势分析与预测年度报告（2019—2020）》指出，2019 年中国经济在国内外不确定性明显上升的复杂局面下稳中求进，取得 6% 以上的经济增长，总体抵御了增速大幅下滑的风险，为2020年应对内外部复杂局面打下基础。稳健增长的国民经济、持续增长的网购交易额为电商创业提供了广阔的经济环境。

在第三届“一带一路”和澜湄合作国际研讨会上，中国驻清迈总领事任义生在开幕式上表示：“一带一路”（“丝绸之路经济带”和“21世纪海上丝绸之路”的简称）倡议提出6年来，已经成为世界上规模最大的合作平台和最受欢迎的公共产品。目前已有123个国家和29个国际组织签署了共建“一带一路”合作文件。6年来，中国同共建“一带一路”国家贸易总额超过6万亿美元、投资超过800多亿美元，中国同沿线国家共建的80多个境外合作园区为当地创造近30万个就业岗位。[①] 随着“一带一路”建设的不断推进，跨境电商前景一片大好。

3. 社会环境

社会环境的影响因素包括人口因素、消费者心理因素、文化传统与价值观等。截至2019年6月，我国网络购物用户规模达6.39亿，较2018年年底增长2871万，占网民总数的74.8%；手机网络购物用户规模达6.22亿，较2018年年底增长2989万，占手机网民的73.4%。庞大的网民基础以及日益形成的网购习惯促进电商创业的发展。

艾媒咨询数据显示，2019年上半年，中国网络零售额达48160.6亿元，占社会消费品零售总额24.7%。中国网络零售额在社会消费品零售总额中所占比重逐年上升，自从电商行业在中国兴起后，网购消费在人们生活中的重要性不断提高，网购已成消费者消费的重要渠道。

4. 科技环境

科技环境包括社会科技水平、社会科技力量、国家科技体制等，它们直接或间接地影响着创业活动以及创新企业的生产经营活动。2019年8月30日，中国互联网络信息中心（CNNIC）发布第44次《中国互联网络发展状况统计报告》，报告显示，截至2019年上半年，我国互联网普及率已超过六成。5G、物联网等新兴技术迅速崛起，相关基础设施建设如火如荼展开，这些技术与设施为电商的发展提供了硬件资源，支付宝、微信等快捷支付方式的全面普及更是为电商插上了腾飞的翅膀。

（二）SWOT分析法

SWOT分析法是环境分析最常用的一种方法，是将对企业内部和外部各方面内容进行综合和概括，进而分析企业的优势（Strength）与劣势（Weakness）、机会（Opportunity）和威胁（Threats）的一种方法。电商创业的SWOT分析是分析电商创业的优势、

① 资料来源：人民网国际频道，《“一带一路”和澜湄合作国际研讨会在泰国清莱举行》。

劣势、机会和威胁。

1. 电商创业的优势

电商创业与传统企业创业相比，具有明显的优势：一是无实体店，节约租金成本；二是进行网络销售，颠覆传统的销售模式，减少了库存积压，降低风险与成本；三是电商创业资金投入少，没有传统企业那么高的技术壁垒，非常适合创业刚起步的商家。

2. 电商创业的劣势

电商创业由于受到电商经营模式的限制，客户的消费体验、流量引入、客户沟通等方面存在着不足。比如，在电商平台购买商品，消费者只能通过商家提供的图片、视频、文字等来了解、判断商品，无法真实地、面对面地体验商品，容易导致消费者产生疑虑，从而影响销售。相比传统的购物，电商的购物流程相对较复杂，涉及咨询、下单、支付、物流，甚至售后等，这其中任一环节都可能使消费者产生不满，影响对商家的整体评价。电商存活的一大关键因素是流量，绝大部分的电商都会花大笔费用推广引流，能否成功引流、引流后能否达到预期转化率是电商创业者急需解决的重点与难点。

3. 电商创业的机会

电商创业的机会主要表现在以下几个方面：①消费者群体广泛，突破区域限制。电商覆盖的区域面广，跨境电商的消费者群体可以遍布全球，只要会上网，任何人都可以购买商品。②特色化商品备受青睐。长久以来，由于地理环境、交通运输等条件制约，很多特色化商品销售局限于当地，如今电商可以让更多品质好、产量大的特色化商品通过电商渠道打开销路，如海南台杧、广西海鸭蛋、新疆大枣等。③富有创意的商品发展前景大好。在流水线上加工生产的大量商品涌入市场，同质化越来越严重，作为电商创业者如果能另辟蹊径，开发创意商品，发展前景会特别好。

4. 电商创业的威胁

随着我国电子商务行业的蓬勃发展，我国已经进入了电商 3.0 时代，[①] 行业竞争愈发激烈，电商创业的威胁也日益突出。首先，由于电商的进入门槛低，扎堆进入热门行业的电商商家众多，导致行业内恶性竞争层出不穷。其次，商家们为了提高店铺排名，出现了大量的刷单、刷好评等虚假行为。最后，为了抢占市场、打压同行，有实力的商家会采取价格补贴、超低价、超多优惠等策略抢占市场份额和消费者，这对电商创业者造成了严重的威胁。

---

① 中国电商发展历经三个时代，电商 1.0 时代以淘宝、天猫、京东等为代表，依托强大的物流体系和价格快速发展；电商 2.0 时代，移动电商快速发展，用户体验提升，电商覆盖面进一步扩大；电商 3.0 时代，多入口消费场景驱动用户消费，多行业、多领域、全方位生态圈布局。

课后提升

学生通过右侧二维码，阅读《2019 年“大众创业 万众创新”企业初创期税收优惠政策指引汇编（部分）》中的内容，加深对电商创业环境分析的认知。

任务三　公司注册及电商营业执照申请

《中华人民共和国电子商务法》第十条明确规定“电子商务经营者应当依法办理市场主体登记”，第十二条规定“电子商务经营者从事经营活动，依法需要取得相关行政许可的，应当依法取得行政许可”，作为电商创业者，面临的首要问题是注册公司。因此必须了解公司注册流程、电商营业执照申请方法。

课前学习

学生自行收集资料，了解公司注册流程及电商营业执照申请的相关知识，自学本任务课中学习的知识内容，并完成下列任务。

（1）李丽与同学打算成立一家以销售、批发女装为主的服装公司，请帮助她拟定公司名称，完成下表。

序号	公司名称	组织形式
1		
2		
3		
4		
5		

（2）假如你要开通一家以销售家乡特产为主的淘宝店铺，请完成电商营业执照申请，并将申请流程记录下来。

课中学习

案例导入

福州自贸片区发出首张电商营业执照

2019年1月21日，福州市马尾区“佐佐佑佑”化妆品商行经营者汪建英来到福建自贸试验区福州片区综合服务大厅市场监管窗口领取了电商营业执照。这是2019年1月1日《中华人民共和国电子商务法》（以下简称电商法）施行后，福州自贸片区发出的首张电商营业执照。

“我从去年开始做微店，主要销售化妆品。从去年得知电商法要施行开始，我就一直关注这方面的动态。得知可以申领营业执照了，我就第一时间到窗口申请。”汪建英告诉记者，“这对我们经营者而言有法律保障了，消费者也会更信赖我们在网上销售的产品。”

根据电商法的规定，电子商务经营者应当依法办理市场主体登记。无论是淘宝、拼多多等电商平台上的店主，还是微商等，均属于电子商务经营者，须持有营业执照，在显著位置公示营业执照信息。

“电商法施行后，可以极大地规范电子商务交易市场，更好地保障商户和消费者双方的权益。一方面，电商经营者必须依法办理市场主体登记；另一方面，刷单、擅自改差评、卖假货等乱象将受到约束和制裁。”马尾区市场监管局负责人介绍。

办理电商营业执照都需要提交哪些材料？据介绍，电商经营者申领营业执照与个体工商户最大的不同就是经营场所证明。电商法明确提出，电子商务平台经营者为电子商务经营者提供网络经营场所。因此，申请电子商务营业执照除了要提供个体工商户开业登记申请书、申请人身份证明，只需多交一份网络经营场所使用证明（由淘宝、拼多多、微店等电商平台提供的加盖公章的证明），到当地市场监督管理部门申请登记即可，一般1个工作日就能领到营业执照。

但需要注意的是，使用网络地址登记注册目前仅限于办理个体户电子商务营业执照，企业和农民专业合作社仍按既有规定办理登记。

（案例来源：东南网，《福州自贸片区发出首张电商营业执照 申请需提交电商平台提供的经营场所使用证明》，http：//fjnews. fjsen. com/2019 –01/22/content_21907597. htm，有改动。）

案例思考

结合案例分析电商法中市场主体登记制度的意义。

一、公司注册

（一）准备相关材料

创业者注册公司，需携带相关材料，前往拟成立公司的注册地的工商行政管理部门进行注册登记。依据注册公司类型的不同以及经营业务的不同，注册时需要准备的资料会有所变化，一般需提供以下材料：

①公司法定代表人签署的公司设立登记申请书；

②全体股东签署的公司章程；

③法人股东资格证明或者自然人股东身份证及其复印件；

④董事、监事和经理的任职文件及身份证复印件；

⑤指定代表或委托代理人证明；

⑥代理人身份证及其复印件；

⑦住所使用证明。

注意住所使用证明材料的准备，分为以下三种情况：①若是自有房产，需要房产证复印件及申请人身份证复印件；②若是租房，需要房东签字的房产证复印件、房东的身份证复印件、双方签字盖章的租赁合同和租金发票；③若是租的某个公司名下的写字楼，需要该公司加盖公章的房产证复印件、该公司营业执照复印件、双方签字盖章的租赁合同以及租金发票。

（二）公司注册的流程

注册公司需要去公司拟定营业场所所在地工商行政管理部门或网上进行登记注册，其注册步骤如下。

步骤1：公司核名。

创业者提前确定公司类型、名字、注册资本、股东及出资比例，然后到工商行政管理部门现场或线上提交核名申请。需要注意的是，创业者可提前多拟定几个公司名称，防止公司重名，节省办理时间。目前我国实行注册资本认缴登记制，即资本不用在一开始就全部缴纳完成，只要在承诺的时间内（一般10～20年）缴完即可，这大大降低了创业者注册公司时的资金压力。

步骤2：提交材料。

公司核名通过后，创业者应确认地址信息、高管信息、经营范围，在线提交预申请。在线预申请通过之后，按照预约时间去工商行政管理部门递交申请材料，材料经审核，完全合格后会收到准予设立登记通知书。

步骤3：领取营业执照。

创业者携带准予设立登记通知书、办理人身份证原件，到工商局领取营业执照正本和副本。

步骤4：刻章等事项。

创业者凭营业执照到公安局指定刻章点刻制公司公章、财务章、合同章、法人代表章、发票章等，至此公司注册完成。

二、电商营业执照申请

2018年8月31日我国正式出台《中华人民共和国电子商务法》，2019年1月1日正式实施，至此我国电商领域出现首部综合性法律，保障电商各方主体的合法权益，规范电商行为。

《中华人民共和国电子商务法》第十条规定："电子商务经营者应当依法办理市场主体登记。但是，个人销售自产农副产品、家庭手工业产品，个人利用自己的技能从事依法无须取得许可的便民劳务活动和零星小额交易活动，以及依照法律、行政法规不需要进行登记的除外。"自此电商无证经营的时代一去不复返。

电商营业执照如何申请呢？目前，针对电商营业执照申请市场监督管理部门实行的政策：①租赁办公场所的创业者。直接以租赁场所的地址办理营业执照，需提供租赁合同、办公场地的场地资料及其他注册资料（包括营业执照名称、注册资本数额、经营范围、法定代表人或者负责人的身份证复印件等）到地址所属市场监督管理部门办理，很多地区需提前网上预约。②未拥有办公场所的创业者。创业者携带电商平台的网络经营场所证明资料（一般在电商平台的个人中心下载）到身份证所在地的所属街道市场监督管理部门或居住证所在街道市场监督管理部门办理。需要准备的资料有营业执照名称、注册资本数额、电商平台出具的网店地址证明、经营范围、法定代表人或者负责人的身份证复印件等。

下面以淘宝电商个人营业执照申请为例，介绍电商营业执照申请的流程。

步骤1：在浏览器内输入"淘宝小镇"，进入淘宝小镇（中国杭州）电子商务产业园（https：//taobao. yuntrial. com/app/）首页（见图1－1），点击"注册"按钮进入注册页面。

步骤2：进入注册页面后输入绑定淘宝店铺的手机号码，验证手机验证码，设置登录密码，即可完成注册。如图1－2、图1－3所示。

图1－1　淘宝小镇（中国杭州）电子商务产业园首页

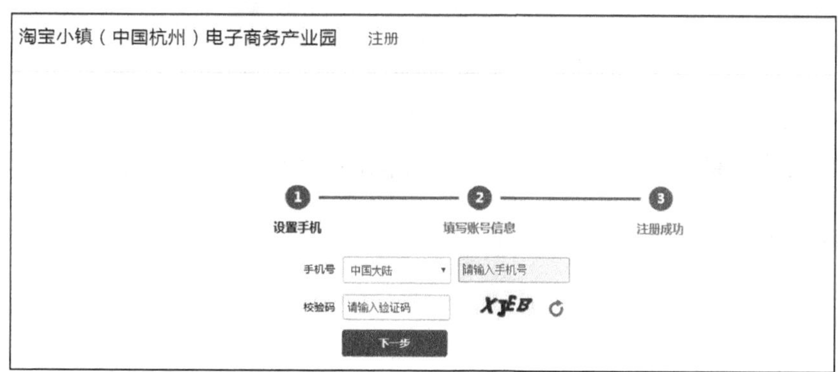

图1－2　绑定淘宝店铺的手机号码

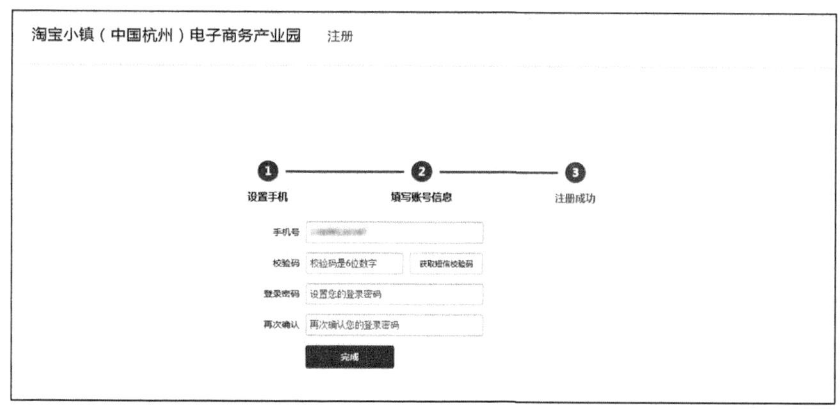

图1－3　设置登录密码

步骤3：完后注册后，点击页面内“在线申领电子工商执照”，弹出提交成功，点击“完善信息”，如图1－4所示。

淘宝小镇（中国杭州）电子商务产业园
注册
设置手机
注册成功
目前淘宝小镇一期招商已经结束，淘宝小镇平台也将逐步开放针对非园区入驻企业的公共服务
您可能感兴趣的服务类型
在线申领电子工商执照
在线银行开户
发票相关服务
电子签章服务
知识产权服务
代审合同
合同纠纷调解
交易纠纷调解
企业信贷
企业理财
代发工资
客服机器人
是否接收淘宝小镇二期或其他园区开园提醒
提 交

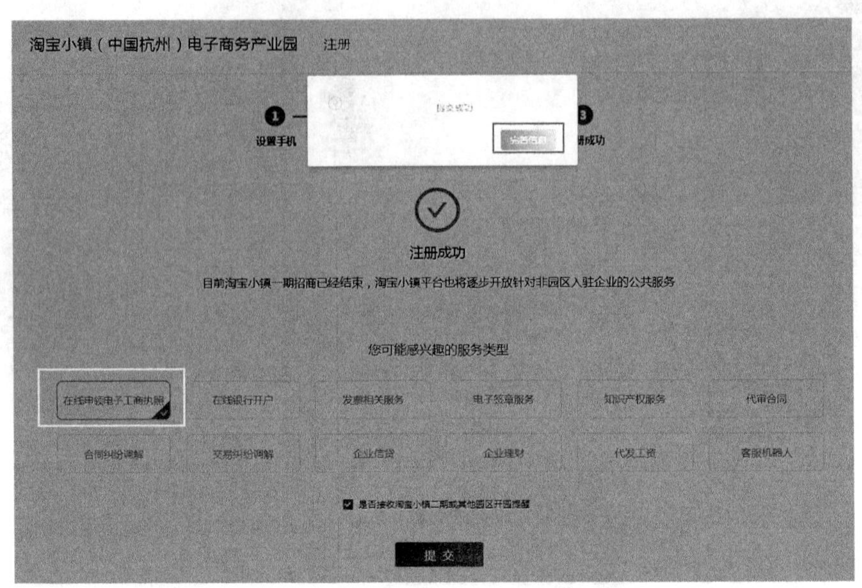

图1－4　在线申领电子工商执照

步骤4：在完善信息的界面内，输入姓名、身份证号、店铺名称、店铺等级、淘宝ID、店铺链接等信息，如图1－5所示。完成信息填写后点击“提交”。

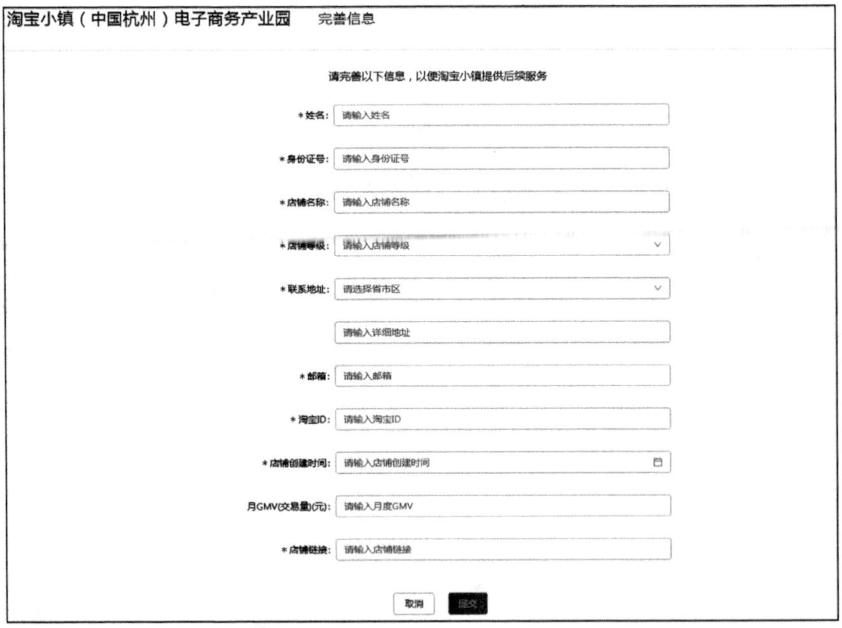

淘宝小镇（中国杭州）电子商务产业园
完善信息
请完善以下信息，以便淘宝小镇提供后续服务
*姓名：
请输入姓名
*身份证号：
请输入身份证号
*店铺名称：
请输入店铺名称
*店铺等级：
请输入店铺等级
*联系地址：
请选择省市区
请输入详细地址
*邮箱：
请输入邮箱
*淘宝ID：
请输入淘宝ID
*店铺创建时间：
请输入店铺创建时间
月GMV(交易量)(元)：
请输入月度GMV
*店铺链接：
请输入店铺链接
取消
提交

图1－5　完善信息界面

步骤5：审核通过后发送电子营业执照。

淘宝小镇（中国杭州）电子商务产业园发出的电子营业执照是其与工商部门等多部门合作开展“最多跑一次”改革的产物，电子营业执照是工商部门系统发出的，真实有效且具有法律效应，后续可在全国企业信用公示系统查询。创业者需要注意注册成功后的营业执照只适用于淘宝电商平台，不适用于其他电商平台，也不适用于线下实体经营店铺。

目前淘宝小镇（中国杭州）电子商务产业园的线上登记仍有一定局限性，从事以下经营项目的淘宝店铺无法线上办理电子营业执照：许可经营项目（如食品，药品，二类、三类医疗器械，危险化学品），虚拟产品（如游戏，虚拟币）、金融类服务等经营类别。这些淘宝商家可在当地工商行政管理部门自主办理营业执照。

创业者拿到电子营业执照后，可在“个人中心”完成银行开户预约、刻章申请等业务。如图1－6所示。

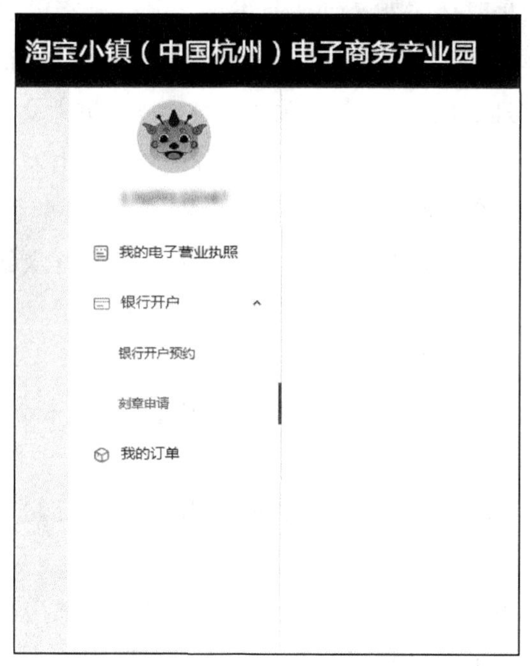

图1－6　个人中心页面

课后提升

请扫描右侧二维码，自行阅读了解公司注册时如何拟定公司名称。

■ 微信扫一扫
■ 码上就能学

项目小结

本项目围绕认识电商创业这一主题展开，从创业者自身认识、电商创业环境分析、公司注册以及电商营业执照申请来介绍电商创业。通过本项目学习，相信同学们对电商创业有了总体认知。

课程思政

广泛展开“大众创业、万众创新”

在2014年9月夏季达沃斯论坛上，李克强总理提出要在960万平方千米土地上掀起“大众创业”“草根创业”的新浪潮，形成“万众创新”“人人创新”的新态势。此后，李克强总理在首届世界互联网大会、国务院常务会议和2015年《政府工作报告》中频频阐释“大众创业、万众创新”这一关键词。

创新是民族之魂，是时代主题；创业是发展之基，是富民之本。随着我国经济进入新常态，党中央、国务院适时作出了“大众创业、万众创新”的重大战略部署。2015年8月20日，国务院办公厅发布《关于同意建立推进大众创业万众创新部际联席会议制度的函》（国办函〔2015〕90号），国务院同意建立由发展改革委牵头的推进大众创业万众创新部际联席会议制度。

2016年5月国务院办公厅印发了《关于建设大众创业万众创新示范基地的实施意见》，系统部署双创示范基地建设工作，在更大范围、更高层次、更深程度上推进“大众创业、万众创新”，加快发展新经济。

2017年7月27日，国务院发布《关于强化实施创新驱动发展战略 进一步推进大众创业万众创新深入发展的意见》。

2018年9月26日，国务院下发《关于推动创新创业高质量发展打造“双创”升级版的意见》。

围绕“大众创业、万众创新”这一战略部署，各地各部门认真贯彻落实，纷纷推出一系列政策措施，如税收优惠政策、贷款优惠政策、财政补贴、社保补贴等，促进各种新产业、新模式、新业态不断涌现。

当前，“大众创业、万众创新”的理念日益深入人心。全国各地创业、创新的浪潮一浪高过一浪，有效激发了社会活力，释放了巨大创造力，成为经济发展的一大亮点。

项目二　电商创业准备

项目导入

自2014年李克强总理在夏季达沃斯论坛上提出“大众创业、万众创新”以来，我国先后出现了“大众创业”“草根创业”“电商创业”“网红创业”等创业新浪潮，尤其是电商创业，让很多年轻人以低成本实现了创业梦想，如萌物品牌创始人贾真等。同时，我们还应该认识到，在这些成功的光环之后，还有他们为了创业花费大量时间所做的准备工作，包括行业数据调查与分析、创业团队组建、消费者分析、撰写创业计划书等。

学习目标

知识目标

1. 理解行业数据调查与分析的必要性。
2. 掌握组建创业团队的方法。
3. 了解消费者类型及其心理。
4. 掌握创业计划书的写作方法。

技能目标

1. 掌握行业数据调查与分析的技能与方法。
2. 能够科学合理组建创业团队。
3. 能够对消费者心理进行准确分析，掌握分析方法。
4. 能够撰写创业计划书。

思政目标

了解我国大学生创业的政策红利。

任务分解

本项目包含了以下四个任务：

任务一　行业数据调查与分析

任务二　创业团队组建

任务三　消费者分析

任务四　撰写创业计划书

本项目旨在引导学生了解电商创业的相关准备工作，主要包括行业数据调查与分析、创业团队组建、消费者分析、撰写创业计划书，通过案例学习，深入理解电商创业准备的相关知识。

任务一　行业数据调查与分析

创业并非漫无目的地闯荡，而是通过大量行业调查，分析出行业潜在的商机，抓住机遇，组建团队与研发产品等，最终实现创业盈利的目的。要全面了解一个行业，就离不开对行业数据的调查与分析，本任务就针对电商创业的市场与行业调查展开讲解，引导学生理解数据分析的意义、认识行业数据调查常用工具、了解电商行业数据分析常见指标等。

课前学习

学生自行收集资料，了解行业数据调查与分析相关知识，自学本任务中的知识内容，并结合自学结果以小组形式进行如下问题讨论。

（1）行业数据调查与分析为电商创业提供了什么价值？

（2）假如你要通过电商实现自己的创业梦想，销售某种家乡特产，在创业前需要了解哪些行业数据？

课中学习

案例导入

Flowerplus 花加公司的电商之路

随着收入水平提高和对高品质生活理念的加深，消费者已经从简单的“衣食住行”等功能层面的基本需求转向了精神层面的追求。鲜花作为观赏性植物被广泛应用于人们的日常生活中，2011—2015年，我国国内花卉零售市场迎来了蓬勃发展。

2014—2015年，阿里零售平台上的鲜花、绿植、园艺品类的销售额增长超过93%。根据2015年荷兰花卉拍卖市场调研数据显示，在欧美等发达国家，日常鲜花市场一般占到40%~60%，远高于当时中国5%的比例。

基于市场的数据调研与分析，Flowerplus花加公司意识到了巨大的市场商机，2015年在上海成立花卉电商公司，专注日常鲜花订阅服务，以传递美好的生活方式为品牌核心定位。成立一年内，先后获得三轮融资，城市覆盖数量、月订单额等运营数据增长迅速。2016年Flowerplus花加公司总覆盖城市50个，月订单额超过6000万元。

在业务拓展过程中，Flowerplus花加公司不断了解花卉市场存在的痛点，在行业中打造了花卉电商的样板模式，如反向定制，直接对接花农和消费者，构建产地直销模式；产地买断+深度合作，从源头保证鲜花的品质；多道保鲜处理工序，最优化鲜花品质；不断优化供应链布局和管理，构建良性生态系统等。

目前，Flowerplus花加公司在中国鲜花之乡云南拥有20000亩鲜花种植基地，600万枝鲜花每周由此采摘。此外，Flowerplus花加公司还与全球鲜花大国达成协议，进口品质上乘的A级花材。

同时，Flowerplus花加公司已经建成全国7大仓储基地，拥有35000平方米鲜花工厂，0.3秒可完成一束花的包装，确保鲜花能无恙抵达用户手中。

（案例来源：艾瑞咨询微信公众号，《中国鲜花电商行业案例研究——Flowerplus花加》，https：//mp. weixin. qq. com/s/wdUFcKhxUwBxe_zYlkkj9g，有删减和改编。）

案例思考

行业数据分析能够帮助创业者发现市场商机，那么应该如何识别蓝海市场与红海市场？

一、数据分析的意义

数据分析已经成为新零售竞争力的一个重要构成部分，让新零售能够通过它与商业逻辑深度融合，帮助创业者了解行业发展概况、读懂消费者。

在Flowerplus花加公司的案例中，通过对花卉市场的数据收集与分析，对比欧美等发达国家与我国的日常鲜花消费数据，发现我国花卉场存在巨大商机。数据分析在创业前期可帮助创业者深度挖掘潜在的市场机会。

对于创业者而言，创业前期花费一定时间与精力进行数据分析，可以在业务改进优化、发现业务商机、创造新的商业机会等方面发挥重要作用。

1. **业务改进优化**

企业改进业务、优化产品的目的是向消费者提供更加优质的服务体验，实现资源合理配置。比如在电商日常运营中，通过分析营销推广的效果数据，了解投入与产出的关系，根据产品性质、销售计划、广告效果等合理配置广告投放比例及内部广告资源，进一步提升产品的消费者留存率。

2. **发现业务商机**

对于创业者而言，数据分析能够帮助其验证其创业想法是否迎合市场发展趋势。如小李比较看好工艺品，尤其是纯手工艺品，于是他通过分析工艺品相关行业的采购数据，发现这个领域在电商平台上已经有着很细的分类了，并且工艺品的需求一直比较平稳，如图 2 – 1 所示。但是他在分析工艺品领域的行业数据时，发现民间工艺品最近 30 天的采购指数（淘宝采购指数 + 1688 采购指数）大于供应指数，且淘宝的需求预测是小幅上升，基于这一发现，他将自己的创业项目进行调整，专门针对民间工艺品进行包装推广，这也验证了自己当初看好的纯手工艺品领域是存在着商机的，顺应了市场的发展趋势。

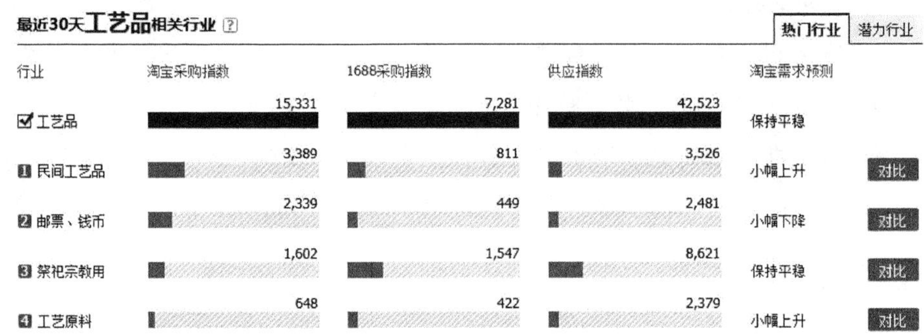

图 2 – 1　最近 30 天工艺品相关行业采购数据页面截图

3. **创造新的商业机会**

企业在分析出数据价值的基础上，扩展出新的业务模式，从而将数据价值转化为利润，如腾讯、阿里巴巴等将拥有的庞大的用户数据转化为与腾讯征信、芝麻信用等关联的新业务，成立的这些新业务公司又进一步衍生出相关“刷脸”业务，并将“刷脸”业务扩展到租车、租房等领域。

数据分析在企业的日常运营中扮演着医生的角色：一方面，能够帮助企业发现日常运营过程中可能存在的问题，并进行预警提示；另一方面，在企业发现日常运营中的问题之后，可助其找出解决办法。

二、行业数据调查常用工具

行业数据调查常用的工具有淘数据、生意参谋、艾瑞数据等平台，创业者可以通过这些平台调查到所需的行业信息，为创业决策提供数据参考。

1. 淘数据

淘数据（https：//www. taosj. com）是一个专门为淘宝卖家提供数据查询、数据分析的平台，拥有全面的数据分析体系，目前共有 5 款产品，包括卖家数据、卖家学院、卖家资讯、卖家服务、卖家社区，主要为电商卖家提供电商数据分析、线上线下培训、前沿行业资讯、交流社区等一站式服务。

其中，淘数据可为商家提供的行业数据调查功能如下。

①行业分析。淘数据平台汇聚了 50000 + 细分行业的商业统计数据，商家可以通过淘数据产品，在全球范围内进行电商行业研究，了解市场规模（见图 2 - 2）。

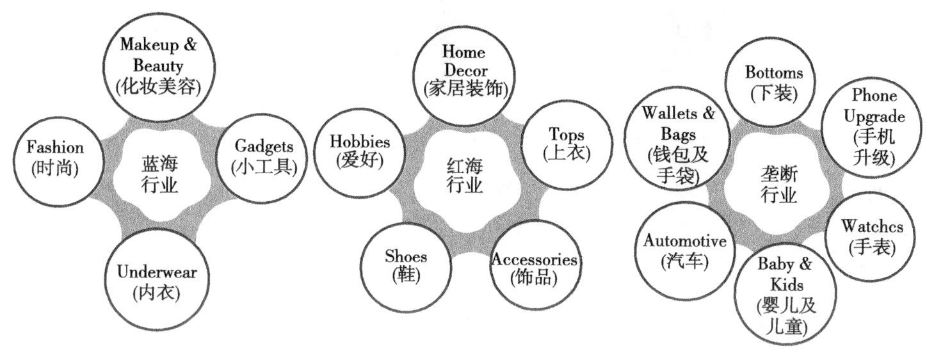

图 2 - 2　淘数据行业分析

注：行业集中度参考区间为蓝海行业（0 ~ 1000）；红海行业（1000 ~ 3000）；垄断行业（ > 3000）。行业集中度数值越高代表进入行业难度越大。

②品牌洞察。淘数据能够让商家通过独有品牌数据维度，对几乎所有市场品牌进行分析，了解品牌的市场占比、排名情况以及其他相关数据。

③选品设计。淘数据能够帮助商家通过细分到产品的数据，追踪其感兴趣的产品，分析价格、占有率、属性、平台推广、生命周期等行业数据指标，如图 2 - 3 所示为爆款分析。

2. 生意参谋

生意参谋（https：//sycm. taobao. com）诞生于 2011 年，最早是应用在阿里巴巴 B2B 市场的数据工具。它可以为商家提供数据支持，基于全渠道数据融合、全链路数据产品集成，为商家提供数据披露、分析、诊断、建议、优化、预测等一站式数据产品服务。

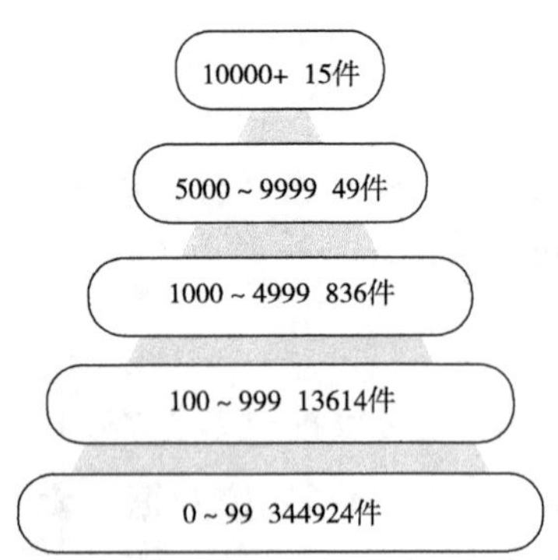

销售速度 累计销量	破0天数	破100天数	破1000天数	破5000天数	破10000天数
10000+件	21.1	30.1	40.4	50.7	63.1
5000～9999件	12.2	20.9	36.4	60.5	
1000～4999件	11.8	23.3	51.8		
100～999件	14.7	42.6			
0～99件	21.8				

图2-3　爆款分析

生意参谋平台能够满足消费者市场大盘全景洞察，如图2-4所示，其在行业数据分析方面，主要功能如下。

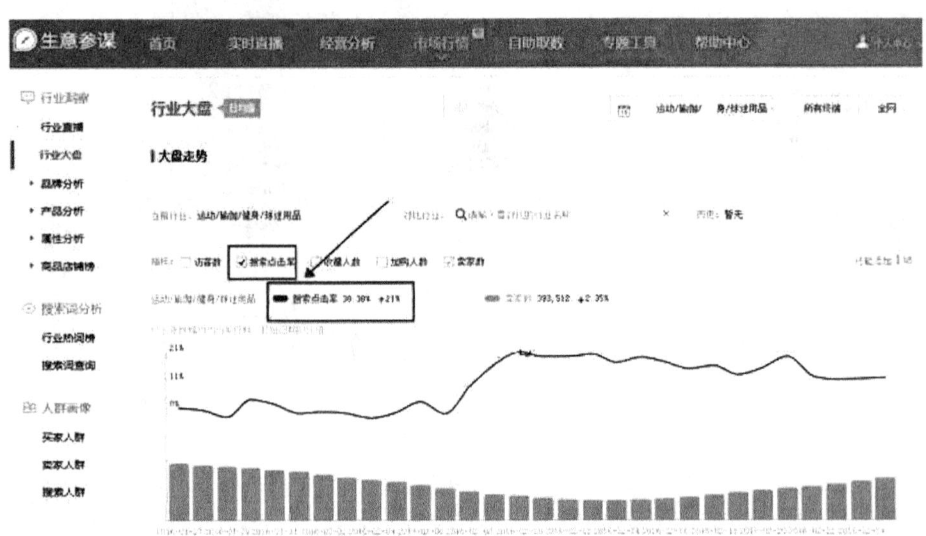

图2-4　生意参谋行业数据分析

①掌控市场大盘。秒级实时市场大盘监控、本店层级监控、行业TOP排行等，能够帮助商家快速了解行情动态，支持同周期对比，最长可查3年的数据。

②发现市场黑马。行业TOP商家/商品/品牌排行实时监控与分析，智能识别高潜力对手，实时监控竞争动态，能够帮助店铺快速超越竞争对手。

③开拓市场机会。行业客群、搜索客群、品牌客群、属性与产品分析等深度解析，支持在线多维度客群透视，帮助商家轻松锁定热门人群特质及人群变化趋势，挖掘出市场红蓝海。

3. **艾瑞数据**

艾瑞数据（https：//data. iresearch. com. cn/home. shtml）是艾瑞集团旗下核心业务

之一，是一家致力于成为以数据应用技术为核心驱动力的科技型企业，其可为商家提供的服务有3种。

①艾瑞指数。分析海量数据，建立多个用户行为指标，真实反映中国互联网整体和移动互联网市场客观情况，为目标客户提供市场决策依据。艾瑞指数包括PC Web指数、网络广告指数、移动设备指数等服务，如图2-5所示为PC Web指数。

排名	对比	网站		已通过全流量验证	月度覆盖人数(万人)	环比增幅(%)	
1		Baidu百度	百度-搜索服务		37566 ↑	+5	详情
2		Baidu百度	百度-其他		28986 ↑	+6	详情
3		淘宝网 Taobao.com	淘宝网-网络购物		27865 ↓	-5.5	详情
4		360搜索	360搜索(so.com)-搜索服务		23777 ↑	+8.7	详情
5		Baidu百度	百度-媒体首页		21237 ↑	+7.8	详情
6		iQIYI爱奇艺	爱奇艺-在线视频	✓	21011 ↑	+8.4	详情
7		腾讯网 QQ.com	腾讯-在线视频	✓	20833 ↑	+9.8	详情

图2-5　PC Web指数

②艾瑞睿见。艾瑞睿见是艾瑞集团汇集上百家大型互联网数据及多年互联网用户行为研究成果打造的互联网行业信息情报分析系统，可以多源跨屏洞察行业数据，包括第三方网民网络行为监测、第三方视频内容监测、第三方竞品广告投放监测、第三方小程序行为监测、网络购物市场监测等。

③艾瑞智云。通过艾瑞集团积累的大数据资源，整合线下线上数据，使用持续优化的模型算法计算，让大数据产生价值、助力决策，为企业提供一站式的客户洞察、营销决策及更多场景的大数据应用服务，如智云数据服务、智云新媒体、智云微洞察等。如图2-6所示为智云微洞察应用示意。

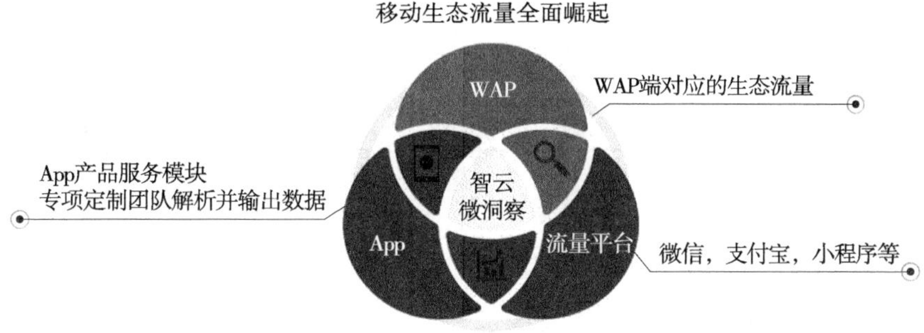

图2-6　智云微洞察应用示意

三、电商行业数据分析常见指标

1. 流量数据指标

流量是电商行业的营销基础，流量越大、越精准，所带来的营销效果就会越好。一般来说，衡量流量数据的指标主要包括 PV、UV、访客数、新访客数、商品详情页 PV、商品详情页 UV、店铺 UV，每个指标的具体概念如表 2－1 所示。

表 2－1　电商行业流量数据指标

核心指标	具体含义
PV	页面访问量（Page View），每打开一次页面 PV 计数＋1，刷新页面也是
UV	独立访客访问数（Unique Visitor），一台电脑终端为一个访客
访客数	统计周期内访问您店铺页面或宝贝详情页的去重人数，一个人在统计时间范围内访问多次只记为一次
新访客数	统计日期内，前 6 天内没有来访过店铺的去重人数
商品详情页 PV	商品详情页面在某一时间段内的访问量
商品详情页 UV	商品详情页在某一时间段内的独立访客访问数
店铺 UV	整个店铺在某一时间段内的独立访客访问数

2. 转化数据指标

在电商中，转化数据指标主要包括成交转化率、支付率、店铺动销率、收藏率、加购率等常见指标，每个指标具体内容如表 2－2 所示。

表 2－2　电商行业转化数据指标

核心指标	具体含义
成交转化率	所有到达淘宝店铺并产生购买行为的人数和所有到达店铺的人数比率
支付率	已支付订单数与应支付订单数的比率
店铺动销率	在某段时间之内，店铺中有销量的商品数量占全店商品数量百分比
收藏率	进入网店的访客中，点击收藏商品的人数在网店总访客数中所占百分比
加购率	进入网店的访客中，将商品加入购物车的人数在网店总访客数中所占百分比

3. 商品数据指标

常见的商品数据指标主要包括店铺数、类目数、品牌数、在线商品数、SKU（库存量单位）、SPU（标准产品单位），如表 2－3 所示。

表2－3　商品数据常见指标

核心指标	具体含义
店铺数	在某个电商品台上销售某种商品的店铺数据总数
类目数	在某个电商平台上对所有商品的分类目录数量
品牌数	入驻某个电商平台的某类商品的品牌数量
在线商品数	当前电商平台主搜商品包含目标关键词的在线商品数
SKU	每款商品都有一个 SKU，便于电商品牌识别商品
SPU	商品信息聚合的最小单位，是一组可重复使用、易检索的标准化信息的集合，其描述了一个产品的特性

4. 用户数据指标

用户数据包括了用户基础数据、用户行为数据两大部分。用户基础数据主要描述了消费者的基本情况，如地址、性别、年龄、职业等，属于消费者静态数据；用户行为数据则侧重于展现消费者的访问留存、复购情况、人均购买次数等动态数据。

5. 售后数据指标

售后数据指标主要用于对售后服务的分析，常见的售后数据指标包括售后反馈订单数、客服回复率、24 小时发货率、评价订单数、退单率、退款率、退款原因等指标。

6. 市场数据指标

市场数据指标能够帮助商家掌握市场运营情况，常见的分析指标包括市场占有率、用户份额、交易额排名、流量排名，这些数据能够反映出网店在某个电子商务平台上的竞争力情况。

课后提升

课后提升以巩固课堂所学为目标，通过自测学生可了解自己对于知识的掌握情况。

1. （　　）无法直接体现数据对于企业的价值。

A. 了解当前业务流程适应性，并及时作出调整

B. 与专家交流，请求其对公司经营提出指导意见

C. 通过消费者调查数据掌握供应链响应速度，并对其进行优化

2. （　　）属于淘数据针对行业数据提供的功能。

A. 品牌洞察　　　　B. 行业大盘　　　　C. 产品分析

3. 以下不属于生意参谋后台市场行情模块下搜索词分析的是（　　）。

A. 行业热词榜　　　　B. 搜索词查询　　　　C. 买家人群

4. 以下属于电子商务行业流量数据指标的是（　　）。

A. 成交用户数　　B. 店铺独立访客数　　C. 成交订单数

5. 以下不属于电子商务行业售后数据指标的是（　　）。

A. SKU　　B. 24 小时发货率　　C. 退款率

任务二　创业团队组建

课前学习

学生自行收集资料，学习一些电商创业者的故事，如黄石“90 后”电商女孩刘梦、网上卖小龙虾的“80 后”张浪等，自学本任务中的知识内容，并结合自学结果，思考如下两个问题：

（1）结合他们的创业故事，思考在电商创业初期，组建的创业团队应该具备怎样的素质？

（2）小齐是一家茶店老板，主要销售当地特产云雾茶，2020 年受到疫情的影响，他的很多老客户无法到茶店采购，于是他拓展了线上业务，但是除了老客户之外，鲜有新客源，请结合本节内容，为小齐组建一支电商运营团队，帮助其搭建出团队的架构。

课中学习

案例导入

曹店村李杰的电商之路

湖北省枝江市董市镇曹店村的李杰，2015 年大学毕业之后就一直从事水果批发业务，2016 年他与别人合伙向齐齐哈尔贩售橘子，一天发货量达 12 万斤，但后来因为传统销售模式的弊端，导致亏损 90 多万元。正是由于这次创业经历，让他下定决心转变发展模式，从传统销售模式向电商销售模式转型。

2018 年，李杰说服朋友黄肇星、刘东洋等 9 人从北京、广州等地聚集到曹店村，开启了第二次创业，这次他选择了电商创业。他与朋友一起创立了青年创客中心，依托兴民瓜果合作社，利用拼多多、淘宝、京东等网络平台销售脐橙等农特产品，当一切走上正途时，他们运营的一个夏橙项目，因为天气干燥，橙子缺水严重，导致电商平台产生很多退货与差评，连连亏损让骨干成员开始动摇，李杰顶住所有压力，积极进行退货，坚持优选销售，最终帮助团队扭亏为盈，让该项目盈利 10 万余元。

李杰的电商销售团队，截至2018年年底，累计销售额1386万元，月均销售额173万元，其中10月销售额高达411万元。同时，他们团队也帮助曹店村农产品解决了销售渠道问题，带动了周边40余名村民稳定就业，为振兴乡村经济、扶农助农发挥自己的力量。

（案例来源：搜狐网，《一个90后的“电商故事”》，https：//www. sohu. com/a/283107619_736891，有删减和改编。）

案例思考

结合李杰的创业故事，请思考在创业过程中，组建的团队应当具备哪些特质？

一、创业团队的组成要素

一般而言，创业团队由目标、人员、成员角色分配、创业计划四大要素组成。

1. 目标

目标是团队的凝聚力，能够将所有人的努力方向调整一致，让大家为了一个共同的愿景而全力付出，不断创造新价值。比如在李杰的创业故事中，当黄肇星、刘东洋等9人从北京、广州等地聚集到曹店村时，他们就有了一个共同的目标，那就是一起创业干点实事，在实现社会价值的同时，还能为家乡做出一些力所能及的贡献。

2. 人员

人员是团队的核心，是目标的实现者，如果没有人员，创业就是一纸空谈，计划终将只会是意识层面的想法。人是知识的载体，是创业团队价值的缔造者。就像李杰和他的9位合作伙伴一样，他们通过自身的付出，一点点落地实施创业计划，最终让青年创客中心的电商销售团队创造出了喜人的业绩。

3. 成员角色分配

在创业团队中，成员之间需要有明确的分工，划分出每个人的职务和应承担的责任，这样才能尽可能地发挥每个人的创造力，为实现创业目标而群策群力，如在一个团队中，有人负责业务渠道拓展、有人负责产品运营策划、有人负责客户服务管理、有人负责售后物流管理等。

4. 创业计划

创业计划对于创业团队而言，就是一个行动指南，其会清晰规划出每一个阶段需要实现的目标、应该完成的事项、预期达成的效果、风险应对策略等内容。创业计划越精细，就表示创业的准备越充分，创业的成功率就越高。

二、电商团队部门结构

从部门结构来分析，一个初创的电商团队应该基本具备运营部门、设计部门、客服部门、物流部门，每个部门的职责细分如表 2－4 所示。

表 2－4　　　　电商团队部门结构

部门	主要职责	人员要求	人员配置
运营部门	①对数据进行分析，从而确定运营推广的方向，制订出策划方案； ②根据制订的策划方案实施推广活动，并能够根据活动效果进行调整； ③根据数据及用户调研分析，对网站、网店页面及文案提出修改要求，从而提升转化率； ④营造品牌影响力，通过 SEO 优化、社区营销、主动营销、活动策划等方式，扩大品牌的知名度	①具备数据分析能力，拥有较强的数据运营意识； ②具备活动策划能力，能够根据运营目的策划与实施不同的活动； ③具备独立思考能力，能够结合运营经验提出指导性意见； ④具备品牌营销能力，能够快速提升品牌的受众欢迎程度	6 人左右
设计部门	①首页设计，配合运营部门需求设计首页； ②根据运营部门的意见，进行商品详情页设计，从而提升转化率； ③日常图片处理，需要及时完成商品拍摄图、商品主图等设计； ④配合运营部门的活动进行相关物料的设计	①具备设计能力，能够熟练掌握 AI、PS、PR 等工具； ②具备美学欣赏能力，能够根据需要设计出符合消费者预期的作品； ③具备较强的承压能力，能够接受并完成高强度、高标准的设计任务	3 人左右
客服部门	①售前接待，对客户的咨询进行耐心细致地解答，并促成交易； ②售中客户维护，实时跟踪已成交或者即将成交的客户，从而提升客户好评率； ③售后处理，针对客户售后提出的问题，能够及时反馈，快速处理，从而降低客户的投诉率	①具备服务意识，能够为客户提供全方位的服务，如产品询价、客户答疑、产品推荐等； ②具备电商基础知识，包括各大主流电商平台运营规则、奖惩规则等； ③具备良好的礼仪和语言沟通能力，能够快速抓住客户需求，建立良好的客情关系	3 人左右

续表

部门	主要职责	人员要求	人员配置
物流部门	①对接订单，需要将销售订单转化为物流订单，以便进行后续物流处理；②包装分配，依据物流订单对商品进行分拣、打包、出库、入库等操作；③物流处理，负责物流公司的接口，控制物流成本，提升物流服务质量	①具备物流应变能力，熟悉物流处理流程，包括正向物流和逆向物流；②具备物流知识，能够对商品订单进行有效管理，包括库存管理、出入库管理、运输管理等；③具备物流资源，能够有效整合市场上的物流商、承运商等资源，制定合理的物流策略，帮助企业降本增效	2人左右

以上人员配置仅供参考，具体的成员安排、人员配置还需根据创业需要、创业人数、创业项目等进行安排。

三、组建创业团队的流程

组建创业团队的一般流程：选择创业项目→寻求创业伙伴→确定团队领导核心→规划成员分工→明确奋斗目标→制定团队管理体制→签订合同，这个过程是环环相扣、缺一不可的。

1. 选择创业项目

一个好的创业项目，是组建创业团队的前提，比如李杰与朋友一起基于兴民瓜果合作社的资源，利用拼多多、淘宝、京东等网络平台销售脐橙等农特产品，这个便是他们选择的创业项目。

2. 寻求创业伙伴

有了创业项目，就需要为创业项目寻找到志同道合的朋友，大家一起合伙创业，如李杰邀请的朋友黄肇星、刘东洋等9人，就是他寻找的创业伙伴。在寻找创业伙伴时，应该考虑互补性和适度规模，以提高团队凝聚力与团队战斗力为主来寻找合伙人。

3. 确定团队领导核心

寻找到创业伙伴，接下来需要确定整个创业团队中的领导核心，让领导核心能够发挥出头羊效应，即团队中应选择一个睿智与具备敏锐洞察力的人成为整个团队的核心，为整个创业项目实施提供方向，如阿里的马云、腾讯的马化腾、百度的李彦宏、万达的王健林等，都是团队的领导核心。

4. 规划成员分工

为了让整个创业团队能够高效执行创业计划，需要对团队内部成员进行职业划分，这样能够充分发挥每个人的优势，明确各自所要担负的职责以及应享有的权限。

5. 明确奋斗目标

为实现创业项目，就需要制定出详细的目标，并对目标进行阶段性划分，如技术、市场、规划、组织、管理等，从无到有进行创造。

6. 制定团队管理体制

无规矩不成方圆，为了保障创业项目的顺利推进，不仅需要成员之间明确分工，还需要搭建出合理的团队管理模式，包括组建团队架构、制定团队制度等。

7. 签订合同

创业是几个志同道合的朋友一起干一件事情，虽然是建立在合作互信的基础上的，但是仍然需要以合理的方式保护自身的利益，这便需要签订创业合作的合同，如确定股份、分红等。

课后提升

课后提升，主要以拓展思考为主，请同学用手机扫描右侧二维码，学习 39 电商创业发布的《如何成为微商创始人？如何组建一个微商团队？》，思考微商创业团队的构成有哪些？人员应该如何分工？

任务三　消费者分析

课前学习

请同学们通过右侧二维码，观看消费者分析相关的视频，了解消费者购买动机、消费者购买行为，并通过自学本任务，梳理出本任务的思维导图。

课中学习

案例导入

朱亮：玩转数据

2011 年年底，朱亮立足于自家父辈经营的油画布厂，与妻子一起回铜陵老家创业，正式注册了“中盛画材”的商标，开始在淘宝上销售自家生产的油画布，自此迈入了电商创业之路。他基于自身专业知识，改进自家油画布工艺，将其作为店铺的拳头产品，进行推广与引流，在消费者心中建立起了信任感。

2015 年，朱亮在使用数据魔方（生意参谋中市场行情的前身）查询“飙升搜索词”时，发现“秘密花园 彩铅”这个词飙升速度非常快，这说明大量消费者在搜索这个关键词。经过调查之后，他发现这个词飙升速度实际上更快，于是，他立马作出决定，冒着极大的风险给店铺进了 100 多万元的彩铅。

在随后的经营中，他快速调整经营策略，带领运营团队快速部署了直通车、产品标题等推广设置，当搜索热度持续升高时，他已经提前完成了布局，等整个行业反应过来时，中盛的秘密花园彩铅的搜索排名已经进入第一页的前列。

朱亮采购的100 多万元的彩铅，只用了 1 个多月就卖光了，而营销推广费用却只花费了 5000 元。他通过数据分析，提前洞悉消费者的购买需求，快速反应，提前布局，抓住了这一波行业热点，成功将中盛办公专营店推上了第六层级，加上之前的流量积累，店铺的各项数据实现了全面上涨，月销售额从之前的 20 万元左右直接跃升到了 100 万元左右。

（案例来源：天下网商，《用 5000 元推广费撬动近 50 万销售额，他的秘诀是玩转数据》，http：//i. wshang. com/articledetail/249265，有删减和改编。）

案例思考

结合案例，请同学们思考，消费者分析的实质是分析哪些内容？消费者分析对于电商创业者而言有哪些重要意义？

一、消费者类型及其心理

按照消费者的购买态度和要求进行分类，一般可以将消费者分为习惯型消费者、理智型消费者、经济型消费者、冲动型消费者、疑虑型消费者及不定型消费者。

1. 习惯型消费者

这一类消费者一般依靠以往的购买体验和消费习惯选择产品，常常会忠诚于一种或者几种品牌，对品牌十分信任，对产品也特别熟悉，购买时很难受到环境、时尚流行、价格、年龄等因素的影响，购买目的明确，购买行动迅速，容易促成重复购买。

2. 理智型消费者

这类消费者善于运用自己的经验、知识、他人的评论等综合信息进行观察、分析和比较，广泛收集所需购买商品的信息，了解市场行情，包括品质、价格、性能等，经过慎重衡量后作出购买决定。他们的购买行为往往难以被优惠、广告、推荐等因素影响，整个购买过程都由理智来支配。

3. 经济型消费者

这类消费者往往会对价格比较敏感，购买商品时多从经济角度考虑，其口头禅一般是“太贵了”“能不能便宜”等，他们往往对“大甩卖”“清仓”“亏本销售”等关键词感兴趣。

4. 冲动型消费者

冲动型消费者对外界刺激十分敏感，容易受到客观刺激物的影响，如商品外观、宣传广告、朋友推荐、他人评价等，购物以直观感受为主，比较青睐于购买新款、时尚款产品。

5. 疑虑型消费者

这类消费者大多数性格偏内向，善于观察细小事物，谨慎细心，体验深而疑心大，总是担心会上当受骗。他们购买时往往三思而后行，需要打消全部疑虑才会作出购买决策。

6. 不定型消费者

这类消费者的消费存在极大的随意性，大多会缺乏经验、缺乏主见，在选购商品时往往希望得到别人的提示和介绍，购买心理很不稳定，容易受外界的影响。

二、消费者分析工具

在进行消费者分析时，可以采用百度指数工具。

百度指数是一个网民行为数据分析平台，以百度大数据为基础，为众多企业营销决策提供重要依据。它的主要功能模块包括单个词的趋势研究、需求图谱、人群画像等，其主要查询步骤如下。

步骤1：通过搜索“百度指数”关键词或者直接输入 http：//index. baidu. com/v2/index. html#/官方网址进入首页，如图2－7所示。

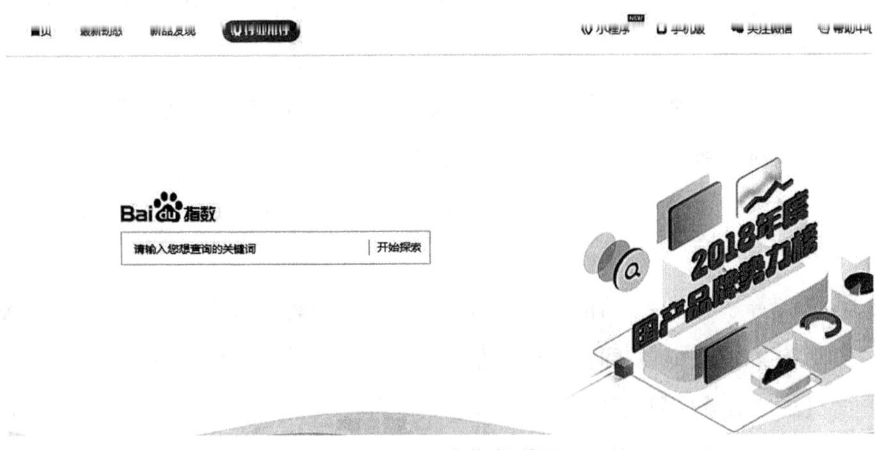

图2－7 百度指数首页

步骤2：在搜索框中输入关键词，点击“开始探索”，这里以关键词“云雾茶”为例，如图2-8所示。

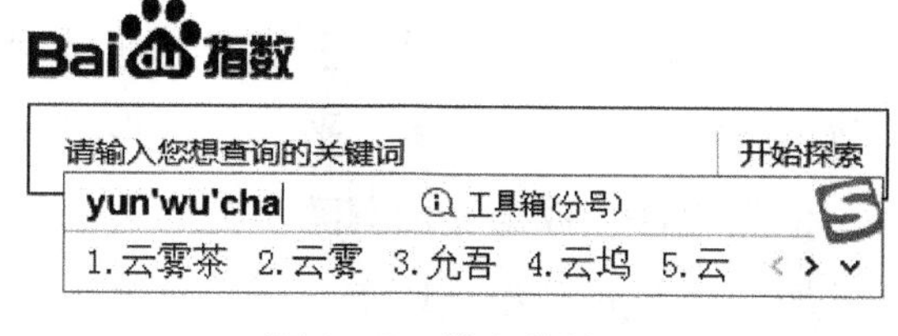

图2-8　输入关键词

步骤3：进入搜索结果页，如图2-9所示，在这里就可以查询与这个关键词相关的趋势研究、需求图谱、人群画像等数据。

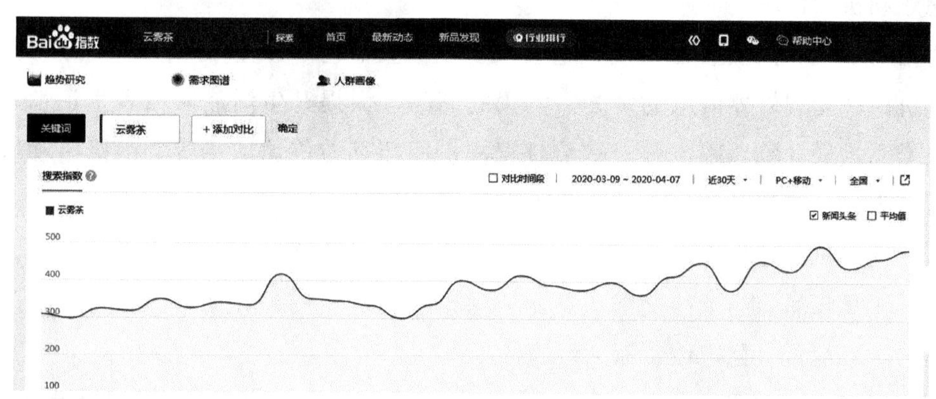

图2-9　搜索结果展示

三、消费者分析

掌握了消费者分析工具之后，就可以对消费者进行分析了，常见的消费者分析方法有消费行为分析法、消费动机分析法。

1. 消费行为分析法

分析消费行为，可采用5W2H法进行分析，主要了解以下7个方面的信息。

①What：消费者购买或使用什么产品/品牌？

②Why：消费者为什么购买或使用这个产品/品牌？

③Who：购买和使用产品/品牌的对象是谁？

④When：消费者会在什么时候购买和使用产品？

⑤Where：消费者常常在什么地方购买和使用产品？消费者从哪里获取产品或者品牌的信息？

⑥How：消费者购买和使用产品的方式是怎样的？

⑦How Much：消费者平均购买和使用产品的数量及价格是多少？

如在前面朱亮的创业案例中，他先是了解到关键词“秘密花园 彩铅”被搜索的次数很高，生意参谋中的飙升搜索词榜体现的是当前消费者通过淘宝首页搜索框寻找商品的行为数据，而这一数据让他意识到了在淘宝平台上有很多人通过搜索“秘密花园 彩铅”来寻找彩铅商品。他利用这一数据反向洞悉出消费者对于彩铅商品的需求量大增，进而采购彩铅商品增加库存，并优化直通车推广、产品标题等会影响消费者购买行为的因素，从而抓住了商机。

2. 消费动机分析法

按照消费者购买心理模式，可以将其购买动机分为情绪动机、感情动机、理智动机、惠顾动机四种。

①情绪动机。消费者由于喜、怒、哀、欲、爱、恶、惧等情绪产生的购买动机，这种动机往往受到外界信息的刺激，购买的商品多为提升生活品质或者生活情趣，如用音响增添欢乐气氛、用蛋糕表达节日祝福、用巧克力传达情感等。由情绪动机产生的购买行为，常常具有冲动性、即景性特点。

②感情动机。这是由消费者的道德感、美感、群体感、观念等引起的动机，如为了美丽购买化妆品、为了社交购买礼服、为了拜访朋友购买礼品等。感情动机产生的购买行为，一般具有稳定性、深刻性的特点。

③理智动机。理智动机为消费者全面了解及清醒认识了商品之后产生的购买动机。在购物中理智动机较多的消费者往往具有丰富的生活阅历、良好的文化修养，在生活中养成了爱思考的习惯，购买行为多为理性抉择。

④惠顾动机。这种动机是基于情感和理智两方面，让消费者对于某个商品、品牌等逐步建立起信任和情感，从而产生喜爱，重复地、习惯性地购买商品，拥有这种动机的消费者多为商家需重点维护的忠实消费者。

课后提升

课后提升以巩固课堂所学为目标，进行课堂所学消费者分析技能的延展操作。请同学们以“南丰蜜橘”为关键词，借助课堂所学的消费者分析工具，对“南丰蜜橘”的消费者进行分析，并描绘出“南丰蜜橘”的消费者画像。

任务四　撰写创业计划书

课前学习

请同学们拿出手机，扫描右侧二维码，课前阅读小龙虾自热火锅产品项目的融资创业计划书，思考撰写创业计划书的目的有哪些？撰写一份完整的创业计划书必须包含哪些要素？

课中学习

案例导入

何小庆的创业项目融资计划

何小庆是四川花汇云文化传播有限公司的总经理，她拥有丰富的花卉行业资源、较强的企业管理能力和良好的执行力，组建了一支综合素质高、充满活力、富有开拓创新精神的管理及运营团队，正在着力打造一个互联网+花卉综合服务平台。

目前公司正处于快速发展期，她希望能够从外界引入2000万元投资资金，用于更好地打造四川花汇云鲜花交易平台，实现花卉行业的F2B2B线上线下一体化批发交易服务，线上线下一体化的B2C交易服务，实现花卉产业供应链的F2B2B2C一体化创新服务模式。提供花卉产品的从生产（种植）到批发到零售到服务的一体化创新服务，提供基于平台交易和SaaS平台技术服务，平台依托微信公众号、小程序和App应用、PC网站等形态互联网产品服务，供应链整合花卉种植农户、生产基地、批发商等供应链上游资源和花店、花艺工作室等零售终端，提供代采、代存、代管、代售、代服务等专业增值服务，物流配送整合快递物流、同城物流、专线物流、海鲜物流、班线车、高铁物流等多种形式的快速物流配送服务体系，配合政府和市场提供花卉产业种植、销售、运营、服务等产业一体化服务。

为此，她在投融界网站通过发布自己的创业规划，以让更多投资人能够注意到自己的项目，她的创业项目计划书包括公司简介、项目市场、项目概述（项目介绍、项目进度）、项目优势（团队优势、资源优势、模式优势）、团队简介、融资需求等几大部分，重点突出了创业项目的亮点，让投资人看到了投资的价值。

（案例来源：投融界，《四川花汇云鲜花交易平台项目股权融资2000万元》，https：//www. trjcn. com/tekan/view/367596dfcf0358b220768e9ac6af3fa113904. html，有删减和改编。）

案例思考

结合何小庆的创业项目融资计划案例，同学们思考一下，如果创业计划书的目的是融资，那么在创业计划书中应当重点突出哪些优势？

一、创业计划书的基本要素

一份完整的创业计划书应当包含产品、顾客、竞争者、能力、资本、永续经营六个方面的内容。

1. 产品

在创业计划书一开始，创业者就需要清楚快速地告知投资人公司经营的是什么产品或服务，比如何小庆在创业计划书的开篇安排了公司简介模块，用简短文字向投资人介绍了四川花汇云文化传播有限公司的主营业务。

2. 顾客

介绍清楚了主营产品之后，就需要告知投资人产品的消费群体。如果是 C 端消费群体，还需清楚界定适合的消费层级，包括性别、年龄、薪资水平等。何小庆的创业项目融资计划的第二部分项目市场中，就向各位投资人介绍清楚了其客户定位：生产商、批发商、经销商、花农等花卉供应链上下游群体。

3. 竞争者

在创业计划书中，还需要分析主营产品或者服务的同行竞争者，从而凸显出产品或者服务的不可替代性。如何小庆这样介绍项目：项目采用 B2B 交易平台 + SaaS 软件服务 + 供应链服务的创新服务模式，打破传统鲜花花卉供应链电商模式，将生产商、批发商、经销商等供应链上游商家和花店、花艺工作室等下游商家进行无缝链接，为花农提供互联网 + 转型，为花店经营提供更直接的产品供应、更便捷的物流配送体系，极大地改变花店的经营方式，使经营变得更加简单，产品更加有保障。

4. 能力

在创业计划书中，还需要体现出创业团队的实力，让投资人能够看到创业团队纵向发展前景，如专业研究能力、转型升级能力等，这一部分内容何小庆展现在了团队简介中，通过介绍创业团队核心成员背景、能力，向投资人传递出了他们拥有一支综合素质高、充满活力、富有开拓创新精神的管理及运营团队，并且团队核心人员均来自相关行业，经验丰富，了解行业痛点和客户需求。

5. 资本

资本体现的是创业项目能够创造的价值，资本可以是现金，也可以是资产，可分为两部分展示：一是项目实力的展示，二是投资价值的展示。在四川花汇云鲜花交易平台创业项目融资计划中，何小庆专门有一个模块介绍了项目进度与优势：项目前期投入200多万元，实现了平台核心版本的迭代升级；项目还拥有高效优质的管理团队、明显的资源优势、创新的模式优势等。这些优势都在向投资人传达他们能创造更高价值的信心。

6. 永续经营

这个要素展现的是项目持续造血能力，可以是技术核心，也可以是模式创新，向投资人展示的是业务发展成熟之后更高一级的奋斗目标，从而让投资人更深入了解创业项目的发展后动力。四川花汇云鲜花交易平台创业项目融资计划中，它的永续经营体现在业务创新模式上：

①平台＋生产基地服务模式，促进订单化生产，减少种植风险。

②平台＋超市＋商户的综合交易模式，提升线上线下一体化交易服务。

③商户管理SaaS服务，提升商户经营管理水平。

④花店SaaS服务，提供线上线下一体化交易及管理服务。

⑤一体化质检配送服务，提升平台的产品和服务质量。

二、撰写创业计划书

（一）创业计划书的内容框架

了解了创业计划书的六大基本要素之后，在撰写创业计划书之前，创业者还需要了解创业计划书的内容框架，如图2－10所示。

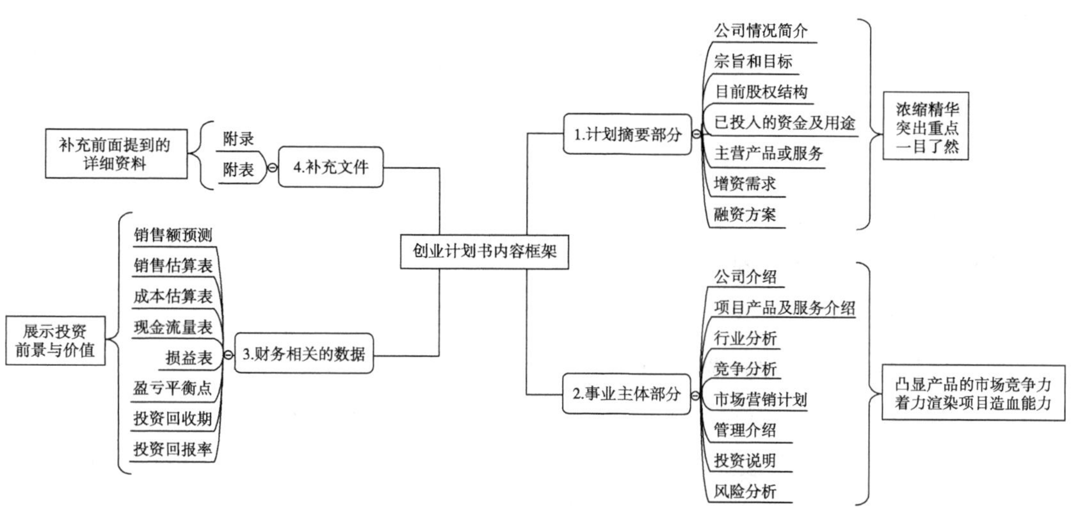

图2－10　创业计划书内容框架

1. 计划摘要部分

摘要是对整个创业计划书的高度概括，用最简练的语言表达出创业计划书的精华，突出创业项目的吸引力和冲击力，让投资人在3～5分钟对创业计划书作出初步评审与判断。

2. 事业主体部分

这是整个创业计划书的重点，从多方面详细介绍创业项目，旨在说服投资人，使他们充分相信这是一个值得投资的好项目，创业团队有能力让投资产生最佳回报。这一部分的内容要翔实，但也需要注意控制篇幅，用有限的篇幅充分展示出投资者想要知道的全部内容。

3. 财务相关的数据

数据能够更加具象地展示创业项目的投资价值，在创业计划书中展示部分财务相关的数据，如项目的盈亏平衡点预估、未来三年内的销售额预测等，以量化的形式展示出项目的潜在盈利能力，让创业项目更具说服力。

4. 补充文件

补充文件一般是创业计划书的补充说明，在正文部分，很多内容受篇幅限制，无法详细展示，如团队成员名单及简介、相关证书、工艺流程、重点客户名单等，这些内容可以在补充文件中展示，供投资者阅读时参考。

（二）撰写创业计划书的步骤

撰写一份完整的创业计划书需要投入比较多的精力，要保证创业计划书的结构清晰完整，业务及价值表达清楚明白，一般包括准备阶段、资料准备阶段、形成创业计划书三个部分。

步骤1：准备阶段。在撰写创业计划书之前，需要创业者带领团队完成如下工作。

①确定创业计划的目标与宗旨。

②组建创业计划工作小组。

③制订出创业计划书的撰写计划。

④探讨并确定创业计划书的种类及内容框架。

⑤制订出创业计划书撰写的日程安排与人员具体分工。

以上工作保障了创业计划书撰写顺利进行，明确创业计划书的类型、内容框架，制订出撰写日程安排与人员分工，节省资料准备的时间，提高效率。

步骤2：资料准备阶段。基于步骤1确定的创业计划书内容框架，收集大量的实时资料，通过对比分析、因素分析、行业分析等，凸显创业项目优势、亮点等。

步骤3：形成创业计划书。创业计划书是对创业想法的具体落地，展示内容不仅是创业者想要表达的，更应该是投资者愿意了解的。创业计划书应该包括封面、计划摘要部分、事业主体部分、财务相关的数据、补充文件等，具体要求如下。

①封面。创业计划书的封面设计要具有一定美感，给阅读者留下良好的第一印象，内容包括了公司名称、公司 Logo（标志）、策划团队、公司 Slogan（广告语）等。

②计划摘要部分。计划摘要能够回答“这是什么产品”“由谁研发设计”“人们为什么会买”“产品卖给谁”等问题，清楚介绍产品的主要特点、市场情况、销售队伍、广告销售技巧等，重点传达的信息有以下方面。

其一，创业者的基本经营思路是合乎逻辑的。

其二，创业者的经营计划是有科学依据的。

其三，创业者有能力管理好团队、经营好项目。

其四，创业者清楚市场的商机，预料到市场发展的趋势，有较强的风险应变与判断能力。

其五，创业项目的财务计划符合实际经营状况。

其六，创业项目能够让投资者获取到丰厚回报。

③事业主体部分。该部分旨在量化出创业项目的潜在盈利能力，描述出创业公司的成长历程，展示创业公司未来的成长方向和愿景，这对创业者能力要求很高，需要其全盘了解公司，对可能存在的问题有自己的思考，对可能存在的风险提前做好预案。每个模块对应的具体内容如表 2 –5 所示。

表 2 –5　事业主体部分撰写

一级目录	二级目录	内容要点	撰写技巧
项目描述	公司概况	公司基本信息、价值观、战略规划、组织结构、经营状况等	①简明扼要，篇幅控制在两页以内； ②无法简单陈述内容以附件形式补充； ③注意前后内容衔接
	项目背景	项目基本性质、环境分析、前景预测、产品或服务所能创造的价值等	①语言简洁，旨在树立投资人的投资信心； ②与摘要部分做好内容衔接，避免重复； ③发展目标、愿景等描述不要与战略规划内容重复
	产品或服务	产品或服务的基本信息、特征、优势、独特的客户价值、关键要素等	①详细阐述产品或服务的内容以及其所能创造的独特客户价值； ②多用图表展示，重复内容可以附件形式体现

续表

一级目录	二级目录	内容要点	撰写技巧
行业及市场分析	行业分析	行业发展历史、现状、趋势、政策环境、影响利润的主要因素等	①撰写时做好充分准备，多应用分析工具、数据分析报告等进行内容佐证； ②内容需紧紧围绕项目商业机会来展开； ③多用数字、图表展示； ④注意与摘要、项目描述等内容的衔接
	市场分析	市场定位、市场细分现状、需求预测等	
	竞争分析	行业垄断性、市场占有率、竞争策略、主要竞争对手等	
创业计划	总体战略目标与规划	创业愿景与使命、总体战略目标、创业规划等	①远期、近期目标与规划要十分明确； ②注意内容的逻辑性； ③突出创业项目成功的关键因素
	研发与生产计划	研发能力、技术资源、生产条件与能力等	①以是否是项目成功的关键因素为标准控制各个部分的篇幅； ②注意与“知识产权”“专利发明”等内容保持一致； ③突出创业项目的优势及吸引力
	营销计划	营销目标、营销战略、营销管理、客户服务等	①基于前期的营销调研结果进行撰写，做到有理有据； ②内容聚焦消费者，突出策略组合； ③注意与其他内容的协调性，说明营销计划的灵活性
	经营管理计划	组织结构、管理团队、资本运作、项目实施进度等	①突出描述支撑项目获得成功的关键因素； ②与其他部分内容做好协调，切忌过多重复； ③切忌使用具体日期，避免让自己陷入“被动”局面； ④做到“防患于未然”
	风险与机遇	风险分析、机遇分析、投资价值分析等	①如实描述创业项目可能存在的风险、未来发展存在的机遇等； ②注意与其他内容保持一致

④财务相关的数据。这一部分的内容主要包括历史财务状况、财务预测、投资分析、盈亏平衡点分析、融资计划等，总体编写要求如下。

其一，列出所有假设，并注明数据来源。

其二，财务数据必须做到“心中有数”，创业者需要掌握财务的所有数据。

其三，财务计划要切忌采用过度的负债经营模式。

其四，所有的财务分析说明内容都应该是详细的、结论性的。

其五，融资计划中要表述清楚读者所关注的关键点，并且要说明资金需求量、需求时限、贷款方式、资金用途等，建议稀释股份不要过多。

⑤补充文件。补充文件是事业主体内容与财务相关内容的补充说明，需要列出附件的标题，然后一一展示，在内容撰写时要做到以下几点。

第一，重点内容靠前放置。

第二，附录内容分类展示。

第三，多使用图表，切忌长篇大论。

第四，避免过多重复展示正文内容。

课后提升

课后学习以拓展练习为主，请同学们扫描右侧二维码，观看《行业数据调查与分析》，总结本节课所学内容。

■ 微信扫一扫
■ 码上就能学

项目小结

本项目围绕电商创业准备这一主题展开，具体包括行业数据调查与分析、创业团队组建、消费者分析、撰写创业计划书的基础知识，并要求掌握常见的数据分析平台、消费者分析工具、撰写创业计划书的方法。通过本项目学习，相信同学们能够对电商创业前的准备工作有系统认知。

课程思政

2008 年国际金融危机之后，创新创业成为全球经济格局重塑的战略选择，2015 年"大众创业、万众创新"被写入当年的政府工作报告，并被提升到中国经济转型和稳增长的"双引擎"之一的高度。随后，国务院出台《关于大力推进大众创业万众创新若干政策措施的意见》，各级政府围绕着"大众创业、万众创新"，积极落实中央简政放权的各项政策方针，最大限度激发了市场的活力，调动了社会创新创业的热情。

随后，国务院又相继出台《关于进一步做好新形势下就业创业工作的意见》《关于促进创业投资持续健康发展的若干意见》《关于做好当前和今后一段时期就业创业工作的意见》《关于推动创新创业高质量发展打造"双创"升级版的意见》等一系列文件。

2020 年国家发改委等 19 部门联合印发《关于推动返乡入乡创业高质量发展的意见》，明确提出"到 2025 年，打造一批具有较强影响力、一二三产业融合发展的返乡入乡创业产业园、示范区（县），全国各类返乡入乡创业人员达到1500万人以上，带动就业人数达到6000万人左右”。

在这一系列政策推动下，2019年我国新登记市场主体2377万户，2019年年末市场主体总数达1.2亿户，而2019年我国的就业人数为77471万人，同比减少了0.15%。

项目三　电商创业的盈利模式

项目导入

电商创业已经成为当代青年就业的一大趋势，互联网的不断发展，为青年才俊们提供了更好的发展平台和条件，此外，政府提供的各种扶持政策，如《关于支持和促进就业有关税收政策的通知》，以及各大电商平台给创业者提供各种方便，如淘宝达人可免费开通直播。因此，了解各种电商创业的盈利模式是必不可少的，其具体可分为出售实物模式、广告模式、交易平台模式、直接向用户收费模式、免费增值模式。

学习目标

知识目标

1. 了解电商创业盈利模式的概念。
2. 理解电商创业盈利模式的分类。
3. 掌握电商创业盈利模式的特征及功能。

技能目标

1. 熟练掌握电商盈利模式的流程。
2. 能够灵活应用电商盈利模式。

思政目标

1. 了解我国社会主义事业发展形势。
2. 了解我国对青年创业的政治态度。

任务分解

本项目包含了以下五个任务：

任务一　出售实物模式

任务二　广告模式

任务三　交易平台模式

任务四　直接向用户收费模式

任务五　免费增值模式

本项目旨在引导学生熟悉电商创业的多种盈利模式，并通过理论知识以及二维码资源浏览，加深学习电商创业的出售实物模式、广告模式、交易平台模式、直接向用户收费模式、免费增值模式。

任务一　出售实物模式

通过电商平台出售实物是较为常见的一种盈利模式，如线上销售食品、服装、书籍、玩具等，常见的电商类型有 B2B、B2C、C2C、F2C、O2O，代表网站有慧聪网、京东商城、淘宝网、美团网等。

课前学习

学生自行收集资料，了解电商盈利模式的概念、特点以及影响因素，自学本任务中的知识内容，并结合自学结果以小组形式进行如下问题讨论：

（1）线上实物出售相对于线下实物出售来说它的优势在哪？劣势在哪？

（2）如果你需要通过微信群销售自己的一件物品，你需要提供哪些信息？

课中学习

案例导入

韩后的线上营销

韩后，著名护肤品牌，成立于 2005 年，隶属于韩后化妆品股份有限公司。在其“天然造就美丽”的理念下，韩后已进入了全渠道增长的快速上升期，而立体化营销更是韩后置身国内美妆产品一线行列的关键。

韩后独创了一个“919 爱购节”，节日当天推出“时间留白 Baby 白”的主题活动，如图 3－1 所示，其创意理念为年轻人的感情来得快，也去得快，希望爱情保鲜，但又追求新鲜感：在情感上——留白时间，多陪伴爱人，才能为你锁住爱情，保持如初甜蜜的爱情；在皮肤管理上——留出时间来呵护肌肤（用韩后 Baby 白），才能一直保持 Baby 般的嫩白。

图3-1　活动海报

韩后主要采用三种营销方法。

(1) 蓄势引爆：联手短视频自媒体二更首发素人情景社会实验纪录片《爱，还能触摸得到吗?》，邀请20对不同年龄层素人情侣进行蒙眼摸脸识爱人的实验。

(2) 事件高潮：首条分性别的微电影《娱乐圈的爱情》上线，演员们分别从男性与女性的角度，结合自己的经历讲述对爱情保鲜的看法，引发共鸣，传递“时间留白，一生 Baby 白”的主题。

(3) 渠道收割：聚划算99大促、唯品会909美妆节，韩后通过各种方式进行直播促销。承接胜势，还邀请王祖蓝代表韩后出席天猫“双十一”狂欢夜，为品牌赢取包括“必买单品推荐”在内的重磅“双十一”推广资源。

最终效果：总曝光人次超过10亿，每投入1元产出8元，视频网络播放量超过6374万次，社交话题互动量超过2亿人次。促成销量转化，屈臣氏本土品牌销量第一，全淘当月本土品牌销量第一，唯品会渠道增长7倍，CS渠道（消费者渠道）动销同比增长30%。

（案例来源：https：//sxy. hc360. com/article－181620. html。）

案例思考

出售实物模式中网店除借助平台活动完成销售任务外，会在网店内进行折扣活动，查看自己关注的网店，这些网店都有哪些活动？这些活动吸引你的地方在哪里？你会买单吗？为什么？

一、出售实物模式的概述

实物商品是指以物质实体的形式存在的商品，从商品生产与销售的维度，出售实物的盈利模式可以进一步区分为以下五种：自己生产、自己销售，比如凡客诚品的自产自销；外包生产、自己销售，比如各大手机品牌的代工生产；只生产、不销售，比如各种硬件厂商的代生产模式；只销售、不生产，比如唯品会；还有以上几种模式组合形成的混合模式，比如京东等。

二、出售实物模式的表现形式

1. 基于平台的图文形式

基于平台的图文形式是电商中最常见的一种形式，如图 3－2 所示为某个产品的详情页，用户可通过页面中图片及文字的展示了解产品的基本信息，如衣服的尺寸、用料、颜色、产品细节等，以此促进成交。

图 3－2　图文形式

2. 基于平台的视频形式

视频又分为直播和短视频，通常情况下商家在销售产品时多用直播的形式，如图 3－3 所示，商家会在直播过程中说明产品款式、优惠力度、回答用户提出的问题等。

直播带货可在平台中自建直播间，培养自己的带货主播，也可寻找网红达人做付费推广直播。

三、实物变现流程

1. 产品选择及供应

线上售卖的实物产品，商家在选择时大多会先查看产品的相应数据及供应渠道销售情况。以按摩器材为例，商家可以通过生意参谋工具查看相应产品的行业数据，如

图 3－3　直播形式

图 3－4、图 3－5 所示，查看按摩器材类目下搜索词排名，就可以知道目前线上按摩器材市场哪一类需求最大、趋势如何。

行业趋势　指数换算　导出数据　　对比行业 | 对比本店 | 对比同周期

搜索人气	搜索热度	访客数	浏览量	收藏人数
185,616	475,939	2,685,599	19,139,507	166,655
较上月 17.48% ↑	较上月 19.33% ↑	较上月 19.61% ↑	较上月 21.01% ↑	较上月 18.16% ↑
收藏次数	**加购人数**	**加购次数**	**客群指数**	**交易指数**
263,232	266,054	448,160	46,532	4,071,130
较上月 17.42% ↑	较上月 17.75% ↑	较上月 17.29% ↑	较上月 20.90% ↑	较上月 17.33% ↑

图 3－4　按摩器材行业趋势

行业构成　指数换算　导出数据

子行业	交易指数	交易增长幅度	支付金额较父行业占比	支付子订单数较父行业占比	操作
颈椎/腰椎按摩器 较前一月	2,741,081	+47.99%	30.87% +4.56%	24.72% +1.90%	趋势
其它按摩器材 较前一月	1,789,714	+7.47%	14.15% -2.46%	29.37% -0.51%	趋势
按摩靠垫/坐垫 较前一月	1,680,692	+20.54%	12.62% -0.59%	6.49% -0.26%	趋势
眼部按摩器 较前一月	1,430,906	+24.81%	9.41% -0.10%	6.36% -0.66%	趋势
按摩足疗机 较前一月	1,398,995	+29.72%	9.03% +0.25%	3.51% +0.41%	趋势
按摩披肩/肩背敲击按摩带 较前一月	1,253,011	+29.63%	7.38% +0.20%	8.84% +0.96%	趋势
按摩床 较前一月	1,037,448	+6.43%	5.24% -0.97%	1.14% -0.19%	趋势
按摩棒/锤 较前一月	962,337	+8.85%	4.57% -0.73%	13.60% -1.81%	趋势
MINI按摩器/按摩贴 较前一月	679,075	+34.42%	2.43% +0.15%	3.21% -0.08%	趋势
头部按摩器 较前一月	636,028	+20.90%	2.15% -0.09%	1.47% +0.07%	趋势

每页显示 10 条　　〈上一页　1　2　下一页〉

图 3－5　按摩器材子行业构成

在出售产品之前商家需保证产品的供应，在选择供应渠道时可以参考阿里指数中的公司以及企业官网排行榜，通过数据对比选择出最佳供应商。

不管是自己进货还是做代理，产品的质量和款式一定要符合消费者要求。另外，产品的发货速度要快，控制发货成本。

2. **产品页面**

在选择产品后，商家需要对网店产品页面进行装修。包括商品标题、商品主图、店铺推广活动展示、关联营销、商品细节图、模特展示图等优化。提高单品转化率，降低跳失率，提高店铺销量，如图 3－6、图 3－7 所示，将最新款连衣裙的图片设置成首页 Banner（横幅广告），并制作新品列表页。

图 3－6　某网店最新款连衣裙首页 Banner 截图

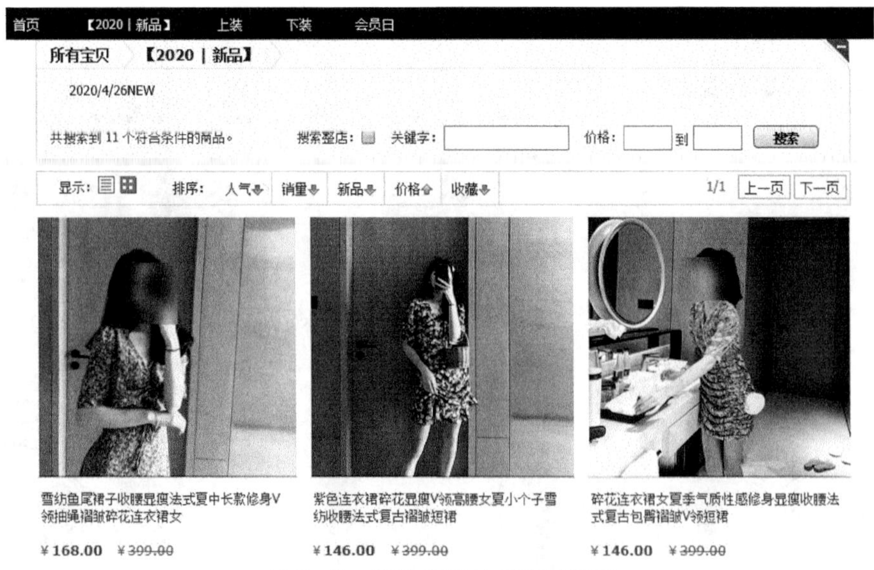

图 3－7　某网店新品列表页截图

3. 产品推广

电商产品推广方法有很多种，以淘宝网的单品为例，推广方法有直通车、淘宝客、直播推广。

直通车推广是商家常用的有效推广手段，很适合标品做销量。在利润允许的情况下，加大直通车投放，通过直通车可在抢占流量的同时提高自然搜索流量，从而提升网店销售额，如图 3－8 所示，为某女装 T 恤在开通直通车后，月营业额约 176 万元，客单价为 129.61 元，ROI① 为 2.12，PPC② 0.77 元，点击量为 19 万次左右。

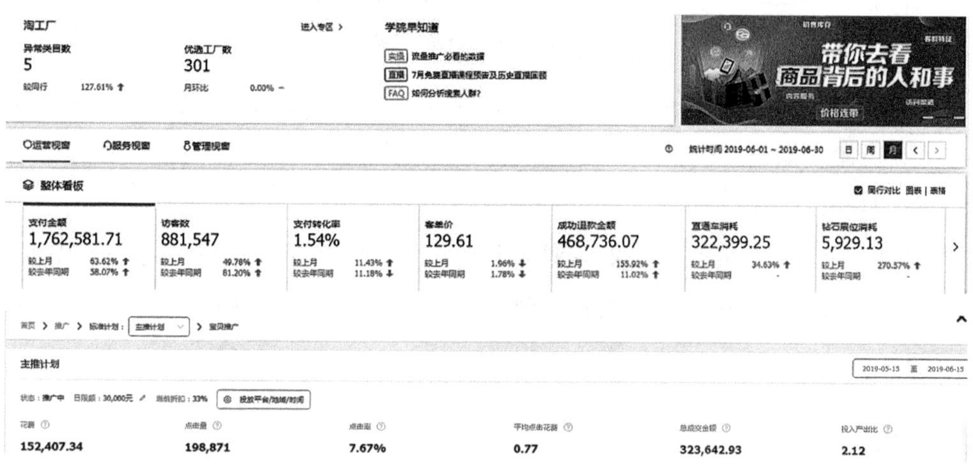

图 3－8　网店运营数据

一般情况下，客户在浏览页面时，印象最深就是排在前面的产品，下单的概率也是最高的，所以标品类的商家开直通车的时候都在提高出价争排名。

淘宝客是现如今较为保险的引流方式之一，它采用 CPS③ 扣费的方式，即只有成交了才会扣除佣金，如果用户退款，那么这笔订单就算没成交，此前支付的佣金会由阿里妈妈返还到商家的账户（见图 3－9）。

淘宝客的目的是为网店引流，在一定量上提高转化率，但淘宝客成交主要加的是宝贝整体的一个权重，而不完全是搜索权重，所以搜索权重低。

直播推广。很多产品由于受众群体范围比较大，所以很多商家都在向外部求流量。只要产品适合做直播，效果都非常好。例如，2019 年 12 月 12 日晚，高晓松、李佳琦

---

① ROI 就是投入产出比，公式是成交金额 ÷ 花费，比如某个关键词 1 日用 100 元推广费，最后获得收入 300 元，ROI＝300 ÷ 100＝3，数值越大，效率越高。

② PPC 就是“平均点击扣费”，是一个平均数。计算公式：PPC＝花费 ÷ 点击量，比如 100 个点击，花费是 150 元，算下来 PPC 就是 1.5 元。

③ CPS（Cost Per Sale）：以实际销售产品数量来换算广告金额。

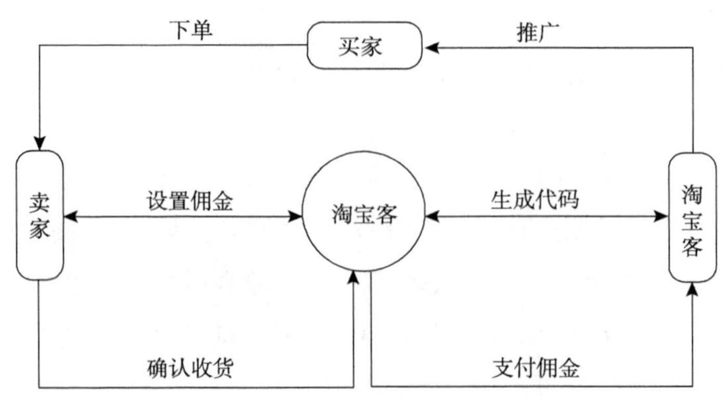

图3－9　淘宝客推广流程

首次在淘宝公益同台直播，为贫困县农产品带货，当晚，40 万斤内蒙古扎赉特大米 5 秒售空，5 万罐安徽金寨山核桃 5 秒售空，12 万袋康保燕麦面 7 秒售空，预计带动三地 1114 户贫困户共计增收 439 万元。

实物商品变现需要商品质量有保证的同时，实物展示页面也要吸引人且符合实物现状，做好实物内外优化，提高实物人气。通过人气实物带动店铺销量，让店铺得到最大盈利。

课后提升

通过右侧二维码，学习《直播带货的玩法和套路》，并回答以下问题：

（1）什么是直播带货？

（2）直播带货相对于传统电商推广方式有哪些优势？

任务二　广告模式

卖广告是中国互联网最原始的盈利模式，一直延续到了现在。在门户时代，四大门户网站就开始卖各种广告位，如焦点图、通栏、弹窗等，现在广告形式越来越多样化，而大数据的推广让目标用户的定向越来越精准。

课前学习

学生通过互联网搜索关于网络广告的信息，了解网络广告的相关知识，自学本任务课中知识内容，并结合自学结果以小组形式进行如下问题讨论：

（1）网络广告与传统广告的区别？网络广告分为哪几种？

（2）对于一家刚刚起步的企业来说它应该选择哪种类型的广告来扩大企业的影响力？

（3）广告在投放时需要做哪些工作？

课中学习

案例导入

游戏广告

休闲游戏玩法上比较简单，占据用户时长较短且多为碎片化时间，因此游戏收入主要来源于广告变现。因此游戏内的广告形式比较全面，激励视频、插屏广告以及横幅广告均有，广告展示次数也是比中度及重度游戏多。

《火花侠》（*Sparkman*）是一款休闲益智闯关游戏，其采用了清新、卡通的画风，玩法非常简单，玩家需要在限制的时间内，帮助燃烧的火柴人落到水中，充满了趣味性，时间越短，获取的分数越高。

广告盈利解析

游戏关键在于解谜闯关，“提示”是玩家点击频率最高的广告入口，同时游戏设有金币系统、成就系统，提供皮肤以及满星通关，满足玩家视觉及成就感。游戏内页面关卡众多，每一关的通关时间基本在30秒以内，游戏节奏较快，插屏广告拥有非常多的展示机会。

玩家可通过观看视频广告获得金币奖励、解锁角色、抽奖机会、每日奖励、满星通关等游戏福利，如图3－10所示，广告主要出现在闯关完成后、挑战失败或切回游戏过程中。

图3－10　广告奖励

接入 TopOn 后，广告渗透率提升了 100%，人均展示提升 60%，收益提升 35%。

在场景切换频繁的休闲游戏中，插屏广告表现优异，但中度及重度游戏的接受程度较低，更多的是担心引起用户反感，但事实上只要设计好广告展示场景和合理的广告展示频次，插屏广告能带来不菲的广告收益。

案例思考

你在游戏中遇到过弹窗吗？说说你对这类广告的看法。思考广告与游戏如何实现共赢及其过程。

一、广告模式概述

广告模式是大多数互联网行业公司产品盈利模式的首选。最典型的就是 Google（谷歌）的广告模式，它开创了互联网广告收费的先河。其他典型的广告模式还有门户网站广告，按位置与时间收费，如新浪、腾讯、搜狐、网易等；电商平台广告一般按销售额提成收费，如阿里妈妈、海淘导购等；广告联盟则按照点击量收费，如百度联盟。

二、广告模式的表现形式

1. 展示广告

一般形式是文字、Banner 图片、文本链接、弹窗等，如图 3－11 所示为网易新闻首页的通栏横幅广告，通常是按照展示的位置和时间收费，这是目前最常见的模式。

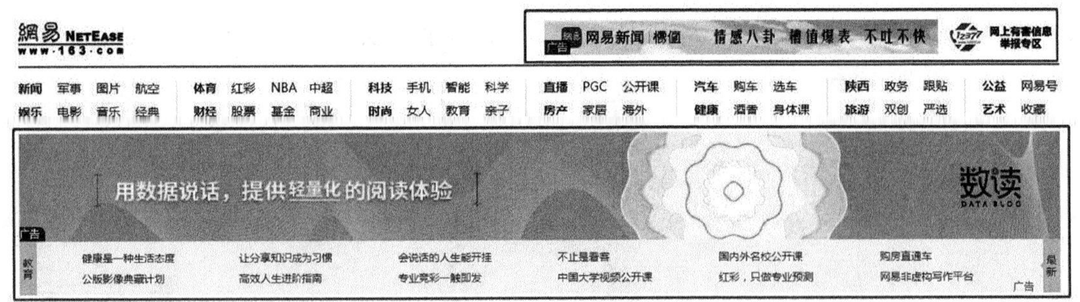

图 3－11　网易新闻首页广告

2. 广告联盟

相当于互联网形式的广告代理商，广告主要在广告联盟上发布广告，广告联盟再把广告推送到各个网站或 App 里去，一般是按广告的点击次数收费。例如，汇成联盟（见图 3－12）就是一家广告代理商，他们自己没有产品，通过自建广告联盟系统与广告主合作，在联盟投放产品。这种操作的盈利模式很简单。广告主通过广告联盟发布广告需求，渠道主/推广者通过广告联盟领取广告任务进行推广获利，广告主、广告联盟、渠道主/推广者三方共赢。

图 3－12　汇成联盟首页

3. **软文**

把广告内容和文章内容完美结合在一起，让用户在阅读文章时，既得到了他需要的内容，也了解了广告的内容。

4. **广告换虚拟产品**

可以为用户提供免费虚拟产品，但是代价是接受一定的广告，多见于游戏中，如前面案例导入中玩家通过观看视频广告获得金币奖励等。

三、广告变现流程

1. **广告位置选取**

商家在刚开始做广告推广时，需要从两个维度考虑，一是用户体验，二是变现潜力。

用户体验维度，在还没有选择好广告主以及还不清楚广告效果的前提下，立即在首页进行广告测试很容易使商家判断错误。这无论对用户体验还是变现进程来说，都显得操之过急。

广告不是用户阅读目标的部分，因此如果在整个网页中广告处于可读内容的最底部，那么它往往会被忽略（见图 3－13）。这时候，广告会成为用户的阅读终止符。因为在阅读到广告为止的内容时，用户已经认为整个阅读任务完成了。

图3-13 网页底部广告

在变现潜力维度，选取广告位置需要注意以下几个方面。

需要具备一定的流量。虽然不建议第一个广告在首页立刻进行投放，但不代表就得去选择一些边角的位置。太少的流量没有任何的价值，或者说难以得出可信的结论。可以选择一些用户通过一次点击之后会常进的专题区域，如网易新闻网站导航栏中的“新闻”“娱乐”等页面（见图3-14）。

图3-14 网易娱乐页面广告

选取点击可能性高的位置。原生广告的样式一般来说都会跟当前页面的可读内容的样式保持基本一致，因此可以用内容的点击率作出一定的折损来推测广告位的点击率。但需要注意的是，部分含有引导或者激励用户点击的位置，点击率不可以参考，也不适合选取作为广告位置。因为含有引导内容或激励措施的位置会干扰用户的点击意愿，造成点击率虚高、转化低的情况。

2. 资质与物料审核

一般来说，很多广告交易平台都有审核部门，他们具备标准化的审核流程、规范的审核系统以及高效的自动审核机制。但在商家进行首次广告变现投放的时候，往往不能很好适用这些标准化流程。究其原因，就是对于首次广告投放，广告交易平台往往非常谨慎，会挑选素材优质的广告进行投放。

3. 广告运营流程

有了广告位置，准备好投放的广告素材，就可以正式投放了。在没有接入系统之前，整个广告投放的实验流程是全手动完成，广告运营流程如图 3－15 所示。

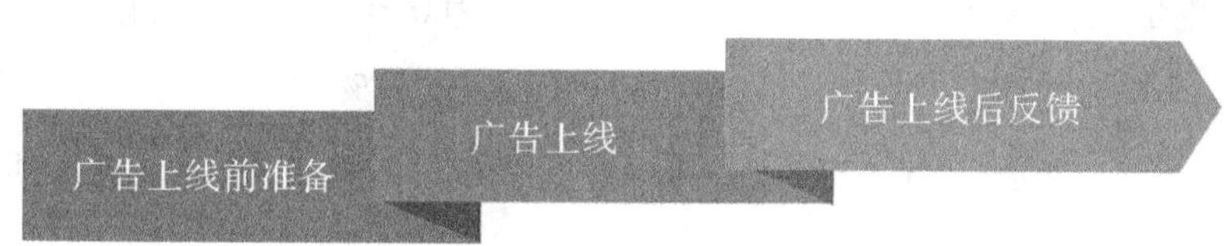

图 3－15　广告运营流程

①广告上线前准备。在广告上线前，需要对广告主提供的投放链接进行测试。测试内容包括链接是否能正常打开、打开的响应速度是否会过慢。

②广告上线。是否应该让所有用户立刻看到广告，这是一个值得斟酌的问题。一般来说，比较稳妥的做法是先划分一部分的流量上线广告（如20%），一方面可以进一步在线上测试广告功能和流程是否存在错误，另一方面可以观察用户对此反应是否强烈。另外，运营者要珍惜每一次的测试机会，做好数据监控工作。例如，分时段查看广告的流量和点击情况，以此来判断广告位置的前端数据分布情况。

同时，运营者应该在广告投放期间，尽可能多的收集广告主的数据反馈。包括落地页面的到达 PV①，实时的转化数据等。如果广告的跳出率异常高或者转化数据异常差，运营者需要进一步确认广告的线上流程是否存在问题。在首次广告投放测试中，首要任务就是要保证广告的正常投放。

③广告上线后反馈。这可能是整个广告变现过程中最重要的一环。整体来说，运营者至少需要从用户体验、变现水平两个方面进行评估。

以 App 广告投放来说，用户体验可以直接通过查看用户评论区信息反应来获得，如是否有大量的用户针对新上线的广告功能进行投诉或者抨击，这样虽然看上去不那么客观，但却是最有效和快速的。

变现水平的评估，只要方法得当，就会比用户体验评估来得更加“有理有据”。这里举个例子：

某 App 跟某广告主进行信息流广告首次投放合作，以一个成功注册 40 元的价格进

① PV：Page View 的缩写，页面浏览量。

行 CPA[①] 结算。App 运营者划分了 20% 的流量进行此次测试，测试 3 天，最终给广告主带来 300 个注册用户，因此 App 运营者收取了 12000（40×300）元的广告测试费用，日均收入为 4000（12000÷3）元。倘若未来全量投放，日均收入会是 20000（4000÷20%）元。

事实上，这个广告位置的全流量有 3000000，这次测试监控的点击率为 1%。也就是说，如果未来全量上线的话，会产生 30000（3000000×1%）个点击。App 运营者在划分了 20% 流量的前提下，日均给广告主完成了 100 个注册，因此转化率为 1.67%（100÷20% ÷30000×100%）。对比同类型的媒体，1.67% 转化率，平均出价水平大概在 2.5 元。因此，未来实现 CPC[②] 全量竞价投放的收入预期就是 75000（30000×2.5）元。

实际上，测试费用并不等于未来可能的变现能力。因为在没有接入系统之前，监控数据会较为困难，广告主更多会偏向使用 CPA 来进行结算。

课后提升

（1）思考除了以上所讲的广告表现形式外，还有哪些？

（2）扫描右侧二维码内容，观看该广告，并通过互联网搜索该广告都出现在哪些平台？哪些界面？

任务三　交易平台模式

交易平台可提供网上交易和管理等全过程服务，因此它具有广告宣传、在线展会、虚拟展会、咨询洽谈、网上订购、网上支付、电子账户、服务传递、意见征询、交易管理等各项功能。平台在促成交易后，会向商家收取佣金，平台不直接生产创造价值，而是整合资源。

课前学习

学生通过互联网及相关书籍收集交易平台的相关知识，在教师的引导下，自学本任务课中学习的知识内容，并结合自学结果，以小组形式进行如下问题讨论：

---

① CPA：Cost Per Action 的缩写，是一种广告计费模式，即以行为（Action）为指标来计费。

② CPC：网络广告界一种常见的定价形式，是 Cost Per Click 的英文缩写。意思就是每次点击付费广告，当用户点击某个网站上的 CPC 广告后，这个站的站长就会获得相应的收入。

（1）交易平台都有哪些模式？不同模式下消费流程是怎样的？

（2）不同类型的交易平台模式其变现流程是怎样的？

课中学习

案例导入

美团外卖盈利模式

美团外卖是美团网旗下网上订餐平台，于2013年11月正式上线，总部位于北京。美团外卖用户数达2.5亿，合作商户数超过200万家，活跃配送骑手超过50万名，覆盖城市超过1300个，日完成订单2100万单。

2020年3月30日下午，美团点评发布2019年第四季度及全年业绩财报，2019年全年实现营收975.29亿元，同比增长49.5%，毛利323.2亿元，同比增长114.0%，经调整净利46.57亿元，占收入比重为4.8%；第四季度营收281.58亿元，同比增长42.2%。毛利97.18亿元，同比大增116.9%。经调整净利22.7亿元，占营收比重为8.1%。[①] 那么美团外卖的收入从哪来？

1. 广告付费

入驻的商家在平台上做广告，美团外卖会在首页或其他专题页设置广告位，商家可根据自己的产品以及平台规则设计广告，根据位置、时间的不同支付相应的广告费用。在相应的位置投放广告，既能利用商家产品吸引及稳定用户又能赚取广告费，对平台来说是一种很好的盈利方式。

2. 佣金抽成

商家在美团外卖开店不收取任何费用，但会在产生的外卖订单中按照展示费收取平台服务费，如果订单是商家自己配送，会收取5%～15%的费用，如果是美团配送则收取15%～22%的费用，会根据配送距离收取不同费用。

3. 商家排名标价或竞价

与百度搜索中的竞价排名相似，美团外卖会在搜索页面中对商家进行排名，与百度不同的是美团搜索会涉及地域范围，在固定区域内，商家竞价成功，其商品就会在第一或前五、前十中出现，客户第一时间就能找到该商家，美团外卖也可以从中获得标价或竞价的资金。

---

① 改编自搜狐网，https://www.sohu.com/a/384416039_343156。

4. 帮助商家做活动

每次节假日的时候，都可以在美团主页面上组织活动并进行宣传，吸引商家参与，而这些活动，商家如果想要参与就需要给平台缴纳一定的费用。

5. 自营餐饮

平台掌握了所有商家的订单数据，知道在什么地段在什么时候卖什么最容易获得更多利润，利用大数据在特定的地方搭建自营餐饮，获取利润。

6. 资金池

平台会每一周或者每两周和商家进行结算，利用账期做沉淀资金的投资。

案例思考

通过交易平台赢利是电商创业中最常见的一种模式，除美团外，你还能想到哪些平台？列举一二，思考平台营销的产品有哪些。

一、交易平台模式概述

交易平台模式可以理解为平台基于双边市场的情况收取一定佣金，针对平台买方与卖方交易产生的资金设计盈利型产品，就如同房地产中介一样，一边对接房东另一边对接租客，当交易达成时中介会在中间抽取1.5%～3%的费用作为服务佣金。

二、交易平台模式分类

交易平台盈利模式主要分为三种，一是实物交易佣金，二是服务交易佣金，三是沉淀资金模式。

1. 实物交易佣金

用户在平台上进行商品交易，通过平台支付，平台从中收取佣金。如天猫作为国内较大的实物交易平台，收取的平台佣金是其主要的收入来源。

2. 服务交易佣金

用户在平台上提供和接受服务，通过平台支付，平台从中收取佣金。如猪八戒网靠平台产生的交易收取服务方佣金，滴滴出行靠平台产生的打车费收取司机佣金。

3. 沉淀资金模式

用户在平台上留存一定量的资金，平台可以用这些沉淀资金赚取投资收益回报。传统零售业用账期压供应商的货款，就是为了用沉淀资金赚钱，现在这种模式也应用到互联网行业，很多互联网金融企业、O2O 企业都寄希望于这个模式。

三、交易平台变现流程

不同类型的平台变现流程也有所不同，这里以最常见的 B2C 实物交易平台——京东为例。

1. B2C 实物交易平台盈利分析

京东商城的收入来源主要来自以下几个方面。

①自销售收入。京东商城以前专营 3C 产品，然后转型为网上百货商城，开始大量销售自己产品，自营店的收入成为京东的主要收入之一。

②返点。所谓返点实际是一种销售提成，京东的加盟商根据商品的销售额来支付广告费，通常是按照交易额的百分比或者固定比例收取。消费者只有实际在京东购买并且产生了支付，京东才收取费用，如果消费者只是浏览了商品并没有产生支付行为，商家不用付费。

③平台服务费。平台服务费可分为两类：一类是商家入驻平台，缴纳一定的费用，自己解决物流问题；另一类是成为京东的加盟商，使用京东的配套物流服务，但是需缴纳更多的服务费。京东开放自己的平台，引入更多的加盟商，可以与自身的物流系统、技术服务、支付等形成配套的系统，加强对资源的整合。

④物流租用费。京东有自己独立的物流仓储系统，这是京东一个巨大的优势，可以加强对上游资源的整合，京东可以向平台的加盟伙伴出售自己的物流服务来获得收入。

2. 销售流程

①前台购物流程。B2C 前台是直接面向用户的网站，用于发布商品信息，接受用户需求。基于网站的交流互动功能和多媒体功能使得用户可以像在真实的超市一样推着购物车挑选商品。前台功能主要包括会员注册、详细的商品服务目录、商品信息查询、购物车、支付方式、个人信息保密措施等。

②后台订单处理。B2C 后台系统的主要功能是处理用户订单，满足用户的需求。后台系统与企业内部的管理信息系统连接，以便快速进行订单处理、库存管理和更新财务数据，并和外部贸易伙伴进行电子数据交换，以便实现快速电子订货，与前台相比，后台的构成和处理要复杂得多。

京东商城网上交易业务流程如图 3－16 所示。

京东商城的快速发展，不仅受益于中国日益走向良好的电商大环境，更受益于在对环境深刻洞察的垂直 B2C 运作模式。

京东商城的运作模式主要有以下优缺点。

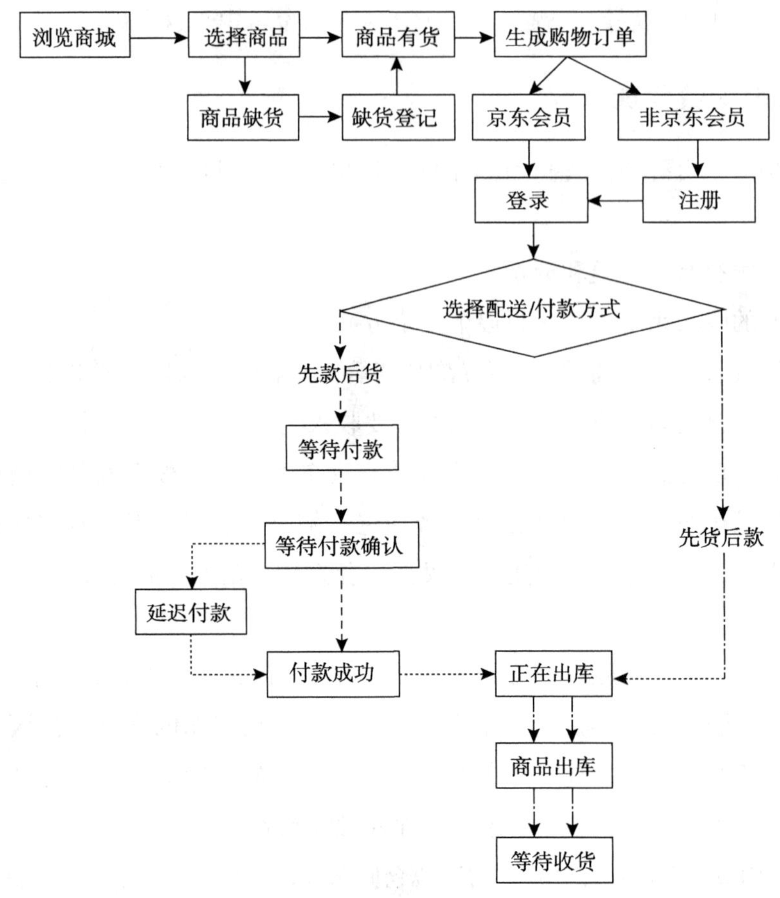

图 3－16　京东商城网上交易业务流程

优点：支付方式多样，京东商城支持货到付款的方式，这不仅消除了消费者担心付款后收不到货物的担忧，而且可以让没有网上银行的消费者参与网上购物。

缺点：①没有即时的聊天工具，客户不能及时和与客服交流，顾客只能通过留言来向京东反映自己的需求，但是留言的方式存在一个时间差，不利于及时有效沟通。

②客服电话较难打通，消费者难以及时反映自己遇到的问题或者需求。

③售后服务方面，京东也有不足的地方，有些顾客购买的商品在相应的厂商售后部门得不到应有的售后服务。

综合上述的分析，可进行业务重组，重组后的业务流程如图 3－17 所示。

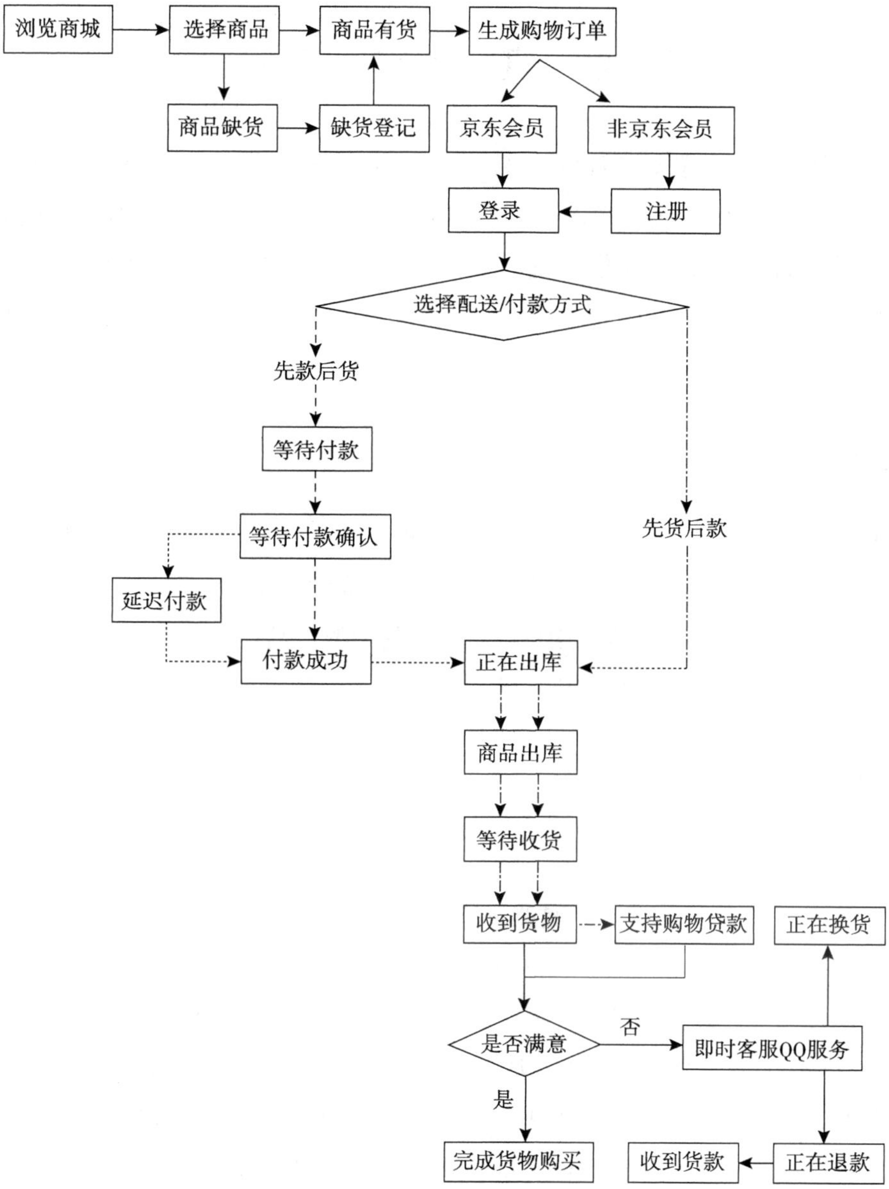

浏览商城
选择商品
商品有货
生成购物订单
商品缺货
缺货登记
京东会员
非京东会员
登录
注册
选择配送/付款方式
先款后货
等待付款
等待付款确认
延迟付款
付款成功
先货后款
正在出库
商品出库
等待收货
收到货物
支持购物贷款
正在换货
是否满意
否
即时客服QQ服务
是
完成货物购买
收到货款
正在退款

图 3－17　重组后的业务流程

课后提升

扫描右侧二维码，查看《链尚电商平台交易收付款流程规范（范例）》，了解电商交易平台中采购支付流程规范、销售收款流程、发票申请流程。

任务四　直接向用户收费模式

直接向用户收费模式在日常生活中是最常见的，如线下的家政服务、家教、律师咨询等，随着互联网的发展，网络时代的线上服务类型也更加多元化，例如，在喜马拉雅平台上某个主播依靠播音月入百万元，这在十年前根本是不可能发生的事，但现在发达的SNS网站以及方便的在线支付技术，让这样的事情每天都在发生。

课前学习

学生自行收集资料，了解直接向用户收费模式相关知识，在教师的引导下，自学本任务中的知识内容，并结合自学结果，完成如下问题的讨论：

（1）在电商创业中，直接向用户收费模式的主要产品是哪些？

（2）收集相关案例，分析该模式的优劣势。

课中学习

案例导入

樊登读书的盈利模式

樊登读书创办于2013年，创始人樊登早期是央视的主持人，后来开始和罗振宇一样做起知识付费的生意。樊登读书现在拥有1000多万用户、200万名付费会员、600个线下社群、300个城市分会，年收入过亿元。那么其是如何盈利的呢？

樊登身边的朋友都知道他爱看书，经常会找他推荐几本优质好书来读，但后来樊登发现，很多人找他荐书时很真诚、很积极，但最后还是没时间读。为了改变这一现状，2013年的时候樊登尝试建了一个微信群，在群里给听众讲书，愿意听的人付费进群，第一天进来500人，第二天就变成两个群，于是他就做了一个公众号来推送，这就是樊登读书的雏形。

随着企业不断壮大，公司领导对樊登读书的盈利点进行具体划分，主要为以下几个方面。

1. 收费服务

如图3－18、图3－19所示，用户可通过下载樊登读书App或关注公众号，在页面中开通VIP，获取相应的读书分享内容以及付费课程服务。

图3－18　樊登读书 App

图3－19　樊登读书公众号

2. 卖书

用户可以通过 App 在线购买所听图书。

3. 在线下开书店，做传统生意

随着樊登读书的不断壮大，开始在线下做起书店生意，采取加盟制，向加盟商收取 5 万～10 万元加盟费，还有一些额外的管理费、培训费等。

4. 线下社群收费活动

各个城市代理拥有本地社群的管理权，可以每周组织一些同城活动，向社群成员收取一定的组织费。

案例思考

很多平台都会以直接向用户收费来达到盈利，这种做法的优势在哪里？劣势在哪里？

一、直接向用户收费模式概述

电商创业中直接向用户收费模式大多见于信息商品，其为无实物性质的数字产品和配套服务，简单来讲就是为用户提供有效信息，用户在得到信息之前需支付相应的费用作为报酬。

数字内容产业涉及动画、游戏、影视、数字出版、数字创作、数字馆藏、数字广告、信息服务、数字化教育等。未来基于数字技术的内容及其服务业的边界将会越来越大，与其他产业之间的界限也将越来越模糊。

二、不同的收费模式

1. 定期付费模式

这种商业模式类似于手机话费的月套餐，定期付钱获得一定期限内的服务。相当于一次性消费直接买软件。定期付费的单笔付费金额比较小，所以用户付费的门槛比较低，如 QQ 会员、爱奇艺会员（见图 3－20）、SaaS（Software－as－a－Service 的缩写名称，意思为软件即服务）类的企业管理软件等。

2. 按需付费

按需付费是用户实际购买服务时才需要支付相应的费用，如道客巴巴的文件按需付费下载（见图 3－21）、阿里云的服务器空间按需扩容等。

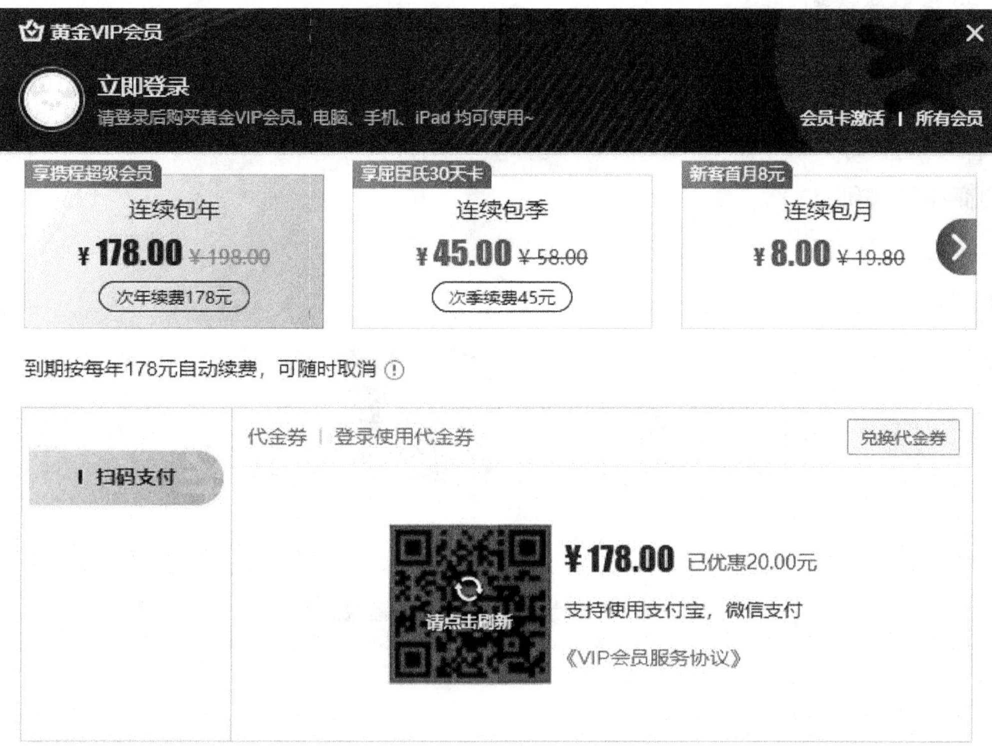

图 3－20　爱奇艺会员付费页面截图

图 3－21　道客巴巴文件付费页面截图

3. 按数量模式

按数量模式，即用户根据个人需求购买一定数量的信息，如电子书、视频教程（见图3－22）、一次性软件授权、网络游戏中的道具等。（扫描右侧二维码，查看《在线视频用户付费的商业模式研究》）

图3－22 视频教程付费页面截图

课后提升

扫描右侧二维码，查看在线知识付费平台的相关内容，学习知识付费行业的发展、基本模式以及主要平台。

任务五 免费增值模式

免费增值模式由来已久，例如，茶馆会向顾客提供小吃、评书等服务，以此来吸引顾客前来消费。该模式的基础功能往往免费，高级功能收费。先用免费的产品和服务去吸引用户，抢占市场份额和用户规模，再通过增值服务或其他产品收费。

课前学习

自学本任务中的知识点，了解什么是免费增值及其表现形式、使用要点，通过互联网及相关资料收集电商创业中的免费增值模式，结合自学结果，在教师的引导下，完成组内讨论：

（1）你在哪些情况下或者通过使用哪些 App、网站体验到了免费增值服务？

（2）说说你对免费增值模式的看法。

（3）你通过内容学习觉得哪些企业适合这种盈利模式？为什么？如果你现在要创建一家电子商务公司，会使用这种盈利模式吗？为什么？

课中学习

案例导入

腾讯免费增值模式

腾讯成立于1998年11月，公司总部设在深圳，是一家以互联网为基础的平台公司。

随着企业不断发展，其业务也覆盖各行各业，包括科技、娱乐、通信、医疗、教育等（见图3－23），其主要盈利模式就是免费增值。

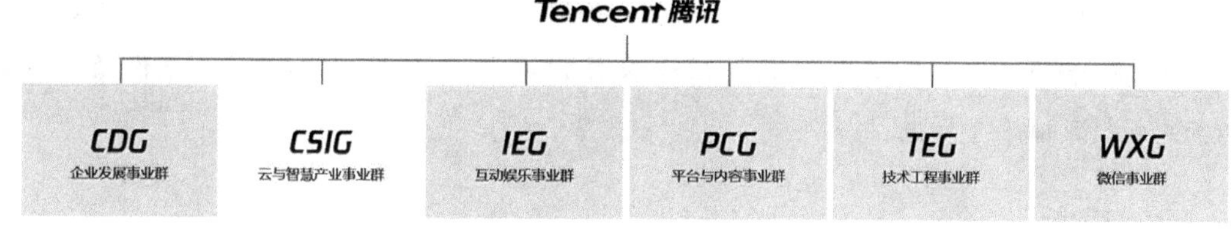

图3－23　腾讯业务架构

其一，腾讯通过提升用户价值，改善用户体验，以个性化、差异化的产品和服务将一部分免费用户转化为付费用户，获取了第一层收入。例如，腾讯的各类会员可以享有一定的特权，能够优先体验某些产品和服务，或者享受更好的使用体验、更高品质的媒体内容，游戏虚拟道具和包月服务则为会员提供了更加个性化的消费选择。

据腾讯发布的2019年第四季度财报显示，腾讯的网络游戏收入为302.86亿元，同比增长25%，占总营收的比重为28.6%。以王者荣耀为例，作为腾讯自主研发并运营的MOBA（大型多人在线游戏）手游，2020年9月MAU①接近1.8亿，是一款国民级手游。根据数据统计公司Super Data Research的统计，王者荣耀2019年的全球总收入高达16亿美元，约合人民币111亿元，在全平台的免费游戏排行榜中排行第三，游戏增值服务给腾讯创造的收入规模非常庞大。

其二，腾讯将第三方接入自己的生态圈，将用户价值分享给第三方，获取了第二层收入。例如，腾讯在微信公众号和朋友圈提供的效果广告服务使微信广告收入实现了爆发式的增长。同时，腾讯也在微信钱包界面提供了多个第三方服务接口，涉及交

① MAU：（Monthly Active User）是一个用户数量统计名词，指网站、App等月活跃用户数量（去除重复用户数）。

通出行、网购、本地生活等方方面面。这些服务接口一方面完善了微信的生态圈、提升了用户使用价值，另一方面用户在腾讯的第三方消费也间接给腾讯带来了收益，实现了用户、第三方和腾讯的多方互利共赢。

其三，数字内容方面，2019年，腾讯收费增值服务订购账户数同比增长12%至1.8亿。其中，腾讯视频订购账户数增至1.06亿；音乐订购账户数增至3990万。第四季度，腾讯在短视频领域加大投入，短视频应用微视日活跃用户数环比增长80%，日均视频上传量环比增长70%。

另外，网络广告业务2019年的收入同比增长18%至683.77亿元。其中社交及其他广告收入增长33%至528.97亿元，媒体广告收入下降15%至154.80亿元。

尽管目前腾讯的增值服务和网络广告收入是主要利润来源，其增长速度也依然强劲，但腾讯已经开始布局未来，通过投资及并购储备潜在的收入来源。通过近年来频繁的资本运作，腾讯跨界参与了几乎每一个具有发展潜力的行业领域，如交通出行领域、企业服务领域、医疗健康领域和在线教育领域等，为进一步挖掘用户价值、开拓新的收入来源铺平了道路。

案例思考

免费增值模式在很多场合都有应用，你在生活中都遇到过哪些？有没有为附加服务买过单？

一、免费增值模式概述

免费增值就是降低用户使用产品的门槛，通过向用户提供免费或补贴价格来实现营收目的。营收的途径有两种：一是向用户销售另一种更高级别的产品，如淘宝网可免费开店，但是如果需要提供更高级别的服务（如正品保障、保障卡、商城认证等）就需要支付一定的费用；二是向第三方销售用户数据（如各种导航App）。

常见的免费增值模式有以下三种。

①永久免费：没有付费服务一说，如谷歌和Facebook（脸书），以广告盈利。

②会员付费：有永久免费的基础功能，用户也可选择付费使用增值服务（如更高级的功能或更高的用户权限），如Linkedin（领英）和TurboTax（特波税务软件）。

③限免：在限定的时间内免费或限定功能免费。如提供30天试用期，但没有永久免费的基础版本。

关于免费增值模式为什么能成功，红点创投的Tomasz Tunguz（托马斯·汤古兹）写道："从本质上讲，免费增值是一种创新的市场营销手段，它吸引新用户和潜在用户尝试一种产品，用户会自行学习这一产品的好处。把用户教育的工作从销售团队转移到用户身上，将大大减少销售成本……使用免费增值模式的创业公司能利用用户行为数据来更好地完善产品。庞大的用户量能确保AB测试数据有统计有效性，这是产品重要的战略性优势。市场团队可以通过筛查数据，了解市场细分和销售漏斗情况。产品经理也可以通过数据分析来提高用户体验。第三，采用免费增值模式的创业公司能收集到目标客户群的相关信息，优化销售效果。”①

一旦潜在用户使用过免费版的产品，用户教育的成本就会大大降低。培养用户认知的广告需求降低，而且用户自学减少了聘用销售人员或销售支持工程师向用户解释产品的支出。这一模式还抓住了人们互惠和懒惰的倾向，进一步降低了销售成本。

对于一些现金不多的小型创业公司，或是不希望因融资而稀释太多股份的公司，免费增值模式会显得格外有吸引力。如果他们知道怎么写程序，他们可以通过免费提供产品服务来避免花钱获取用户。其额外好处是，获得免费服务的用户通常会更看重这款产品，流失率更低，信用也更好。当然，有时这一模式会被滥用，特别是当免费服务没有一个可盈利的配套产品时。凭借互联网规模进行了服务，获取新用户的边际成本可以说基本为零。但对于资源高度密集型的服务产品，如视频直播、邮件/文件储存、翻译等，其增量会给宽带、存储或计算能力带来较大压力，增加一定成本。

二、免费增值模式表现形式

①免费形式。免费形式包括限定次数免费、限定时间免费、限定功能免费、限定人数免费、无限定免费等。如图3－24所示，概念画板中有各种样式的笔刷，基本的笔刷是免费使用的，如果想要更多更好看的笔刷就需去App内的应用市场购买。

②增值收费形式。增值收费形式对应有增加使用次数收费、增加使用时间收费、增加使用功能收费、增加使用人数收费、增加购买周边产品收费等。

360的产品就是典型的免费增值模式，通过终生免费的安全卫士带动周边一系列产品的收费转化。

三、免费增值模式的使用要点

免费增值模式在两种情况下使用效果最好：一是目标用户群体足够大，二是产品价值高。

在使用免费增值模式时应注意以下几点：

---

① 资料来源：人人都是产品经理，http：//www. woshipm. com/chuangye/652958. html。

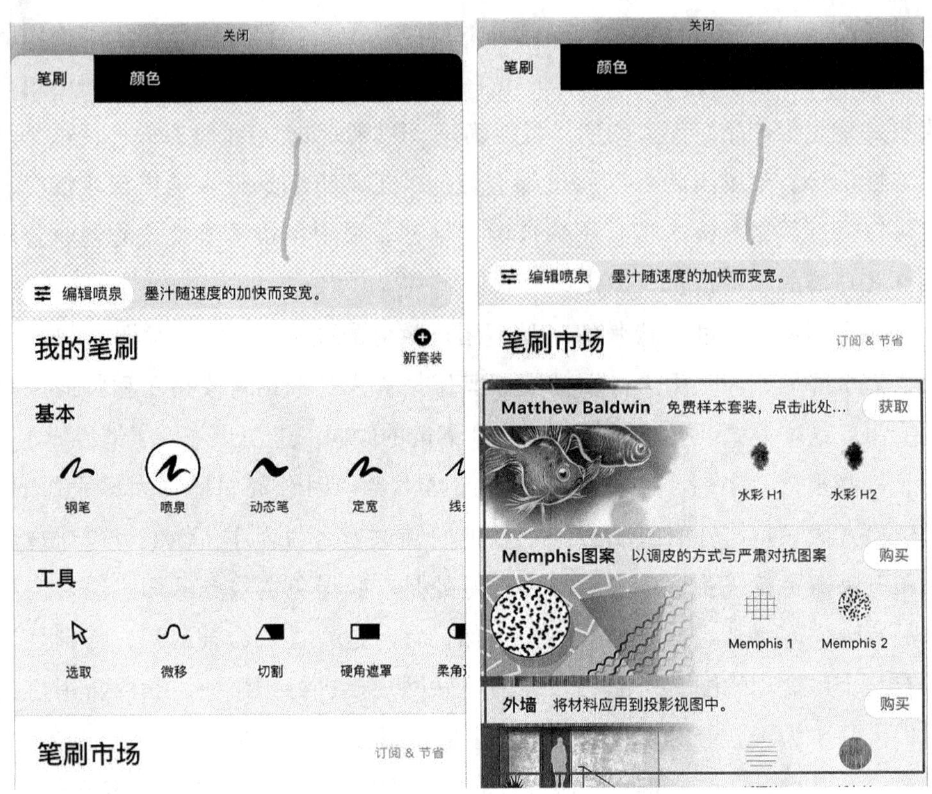

图 3－24　概念画板笔刷功能

①避免选择有明显销售成本变量的“免费”商品。选择边际成本较低的基于软件的服务作为免费服务。

②免费服务要有网络效应，用户在使用时有较好的反馈。

③确保免费商品有配套的可盈利的服务。如银行向客户提供免费支票，让推销贷款变得自然。

④尽量引导用户在注册时自愿提供私人数据，并添加信用卡。

课后提升

扫描右侧二维码，查看《奇虎 360 盈利模式分析》，了解 360 盈利模式的基本结构、盈利途径。

项目小结

本项目主要学习了电商创业过程中不同的盈利模式，学生应利用课程中所提供的学习资源，熟悉不同盈利模式的特点及分类，掌握不同盈利模式的变现流程及使用方法。

课程思政

中国特色社会主义事业与青年创业

中国特色社会主义事业是亿万人民自己的事业，中国特色社会主义道路是创造人民美好生活的必由之路。实现中华民族伟大复兴是中华民族近代以来最伟大的梦想，实现“中国梦”必须走中国道路——中国特色社会主义道路。“中国梦”是国家的梦，是民族的梦，是每一个中国人的梦，更是青年的梦。青年是实现中国梦的强大力量，蕴含着巨大的创造热情和创业潜能，是社会主义现代化建设和发展的生力军。发展需要创业，创业促进发展，在中国特色社会主义事业总体布局的新部署中，青年创业终将助力并加快“中国梦”的实现 。

中国共产党带领中国人民，坚持用马克思主义之“矢”，射中国具体国情之“的”，破解了“中国梦”的密码 ，找到了实现“中国梦 ”的路径，完成了近代以来中国人梦寐以求的民族独立、民族解放的历史任务，开创了中国特色社会主义伟大事业，开启了中华民族发展进步的历史新纪元。习近平主席说，创新是一个民族进步的灵魂，是一个国家兴旺发达的不竭源泉，也是中华民族最深沉的民族禀赋，正所谓“苟日新，日日新，又日新”。生活从不眷顾因循守旧、满足现状者，从不等待不思进取、坐享其成者，而是将更多机遇留给善于和勇于创新的人们。青年是社会上最富活力、最具创造性的群体，理应走在创新创造前列。广大青年一定要勇于创新创造。当前，我国已进入全面建设小康社会、加快推进社会主义现代化的新的发展阶段，宏伟的发展目标呼唤着新一轮的创业热潮在中国大地上涌动。中国经济迅速崛起，GDP 总值已经成为全球第二，但是在经济发展的同时，我们也要理性地认识当前的形势：我国人均 GDP 低，在政治、经济、文化等方面都存在受制于人的地方，仍是一个发展中国家；我国就业形势依然严峻。“以创业带动就业”是解决失业青年就业问题的有效途径，这一措施已经成为各国政府和社会各界的共识。创业不仅可以解决青年自身的就业问题，还可以创造更多的就业岗位，增强经济活力，创造社会财富，还可以帮助青年改变命运，促进边缘群体的社会融入。就业是民生之本，创业是民富之源。青年人最具创业意识和创业激情，创业是青年人永恒的主题，以创业促就业是推动青年发展、促进社会和谐的重要途径。创业是社会发展的原动力。在任何一种社会形态、任何一个经济发展时期，创业都是最具活力、吸引力和挑战性的活动。我国青年群体在创业活动中表现出的积极态度和活跃态势带动我国的创业活动呈现出良好的势头。

发展需要创业，创业促进发展。青年是社会主义现代化建设的生力军，青年是最具活力和创造力的群体，蕴含着巨大的创造热情和创业潜能。但是青年创业面临创业社会经验不足、资源不足、创业素质和能力不够等问题，因此离不开各级党委、政府及其相关部门的关心和支持。

1. 引导青年树立就业创业新观念

广泛宣传国家的就业方针和创业政策，宣传自主择业、灵活择业、自主创业等新的就业创业观念，帮助青年克服就业创业过程中的各种悲观、失望情绪，正确客观地认识和评价自我，树立起自食其力、积极创业的新思维。另外，创业指的不仅是创办企业，对平凡工作的不断创新，也是创业。

2. 开展就业创业培训，培养青年创业的素质和能力

要积极开展青年创业者、青年职业经理人和青年企业家的三级培训工作，以典型宣传、报告会、研讨会等丰富多彩的形式，有针对性地对青年的创业和再创业进行教育和引导。通过搭建培养创业理念、传授创业知识、交流创业经验的平台，促进创业合作，传播创业精神，鼓励支持青年创业。可以借鉴目前国内 KAB（了解企业）、YBC（中国青年创业国际计划）等的经验。

3. 政府政策扶持，构建交流平台，完善创业服务体系

青年创业工作是一项复杂的工程，政府宏观调控、市场资源引导、社会力量支持都是形成青年创业扶持平台不可缺少的部分。要深化与政府部门间的项目合作，整合社会资源，形成社会合力。积极调动社会各方力量，主动吸纳社会各类资源，共同加大服务青年工作的力度。央视热播的“青年创业中国强”活动，是经济频道与相关部委联合推出的一场呼吁社会各界帮扶青年创业、以创业带动就业的媒体公益活动，是号召全社会关注青年创业、关心青年创业的大型公益主题活动，力求搭建创业者与导师无障碍沟通的平台，弘扬中外创业家的创业精神，展示青年创业先锋的宝贵经验，并通过媒体的力量推动青年创业。

4. 树立青年创业模范典型，引导和鼓励更多的青年勇于创业、率先创业

举办大学生职业生涯导航设计大赛，对大学生“职业生涯设计方案”进行评选，帮助大学生更好地明确学习目标，做好应对就业竞争压力和职业挑战的全面准备。举办青年创业计划大赛，以创业精神为理念，参照风险投资的实际运作模式，为广大青年提供一个创业实践的平台，培养青年的创新能力和创业意识。开展创业英雄论坛，邀请社会各界创业成功人士，组织公益性创业就业辅导系列专场活动，激励广大青年自强不息、努力创业就业。建设青年创业梦想园，依托“数字工程”这一载体，展示优秀创业项目，树立创业典型，交流创业经验，提供创业信息，传递创业政策。

我们的事业取得的全部成就始终与一代又一代青年的英勇奋斗分不开，在中国革命、建设、改革的伟大进程中，一代又一代青年在中国共产党领导下，始终站在时代前列，自觉奔赴党和人民最需要的地方，为实现民族独立、人民解放和国家富强、人民幸福顽强拼搏、不懈奋斗，创造了不可磨灭的辉煌业绩。今逢中国和平发展的伟大时代，广大青年更应该发扬艰苦创业的优良传统，抓住机遇，在新一轮的发展中争取新的、更大的作为，把青春和智慧融汇到创造美好未来的不懈奋斗中，把激情创业和理性创业有机结合起来，在创业行动中改变生存的状态，实现自身的价值，在事业的发展中寻找事业的依托，搭建人生的舞台。

项目四　电商推广

项目导入

2019 年“双十一”购物狂欢节，吸引了众多电商平台参与，仅当天就创造了近 6000 亿元全网交易额，以“社交 + 游戏 + 电商”为主的玩法更是层出不穷，比如京东在 2019 年“双十一”期间通过京喜小程序、微信、手机 QQ 购物入口、京喜 App、京喜 M 站、粉丝群等流量入口渠道支持，取得了交易规模同比增长 27.9% 的喜人成绩。① 在电子商务时代，流量对于营销推广至关重要，选对推广方式，就能达到事半功倍的效果。

学习目标

知识目标

1. 了解常见电商推广的营销方法。
2. 理解四种主要营销方法的概念。
3. 掌握四种主要营销方法的特征和优势。

技能目标

1. 能够灵活使用营销方法进行电商推广。
2. 熟练掌握电商推广的四种营销方式技巧。

思政目标

认识“双十一”购物节的创新价值。

---

① 资料来源：网经社电子商务研究中心，《2019 年双 11 洞察数据分析报告》。

任务分解

本项目包含了以下四个任务：

任务一　社群营销

任务二　微博营销

任务三　微信营销

任务四　短视频营销

本项目旨在引导学生认识电商推广的四种方式，包括社群营销、微博营销、微信营销、短视频营销，再结合应用案例、课后提升，熟练掌握四种电商推广方式的营销策略和营销工具。

任务一　社群营销

2020年年初，中国受到新型冠状病毒的影响，在严格防控期间，许多小区、社区施行了封闭式管理政策，为了解决大家日常物资采买需求，很多小区、社区自发形成了一些线上采购群，甚至有些社区物业还上线了采购小程序，以方便大家采购生活常用物资。很多线下商家也以搭建线上社群的营销方式来降低疫情对实体经营带来的不利影响。本任务就社群营销展开讲解，引导学生了解社群营销的概念、价值及优势，掌握社群营销的策略及常用工具。

课前学习

请同学们先自学本节课中的知识点，提前了解社群营销的基础知识，然后用手机扫描右侧二维码，课前自学由亿欧智库发布的《2019中国社交电商生态解读研究报告》，了解我国社交电商发展的现状与趋势，并思考社群营销作为社交电商的一种营销方式，具有什么价值？

■ 微信扫一扫

■ 码上就能学

课中学习

案例导入

国美的社群营销

2020年2月至3月，受新冠肺炎疫情影响，很多实体门店处于关门状态，随着疫情防控越来越好，大部分企业在 2 月底陆续复工，一些门店也慢慢开门营业，但是客流量却不容乐观。

在此背景下，国美宣布于 3 月 9 日至 22 日如约启动“黑色星期伍”（以下简称“黑伍”）大型购物节，这是在疫情后的首场全民大促，以国美美店为平台，以社群秒杀、直播带货等为主要营销手段，取得了不错的成绩。

在此次活动期间，1 亿元招募美店店主、2 人成团享 7 折优惠的营销活动格外惹眼，具体活动如下：“黑伍”以国美美店为中心，加入国美社区群即可获得 100 元家电通用券，还可参与红包抽奖，并享受 2 人成团享 7 折的优惠，而活动涉及的品牌有美的除螨仪 MT3、德尔玛挂烫机 DEM－HS011、美的双奶瓶暖奶器、美力加贝抽纸等。

同时，国美还联合了多家知名品牌厂商，共同打造了千余场直播，将各类家电产品融入生活场景之中，形成了良好的销售转化，直播 2 小时在线收看人气值就突破了 14 万，销售产品近 2000 件。

据统计，2020 年 3 月“黑伍”活动期间，国美美店在全国直播超千场，美店销售额同比提升 50.9%，销售单品值提升 44.2%，美店流量同比提升 18.39%。

目前，国美已经在全国建立了超 15 万个线上社群，服务人数超千万。

（案例来源：亿欧网，《零售业的“实验疫苗”？国美零售“黑伍”大胆创新》，https：//www.iyiou.com/news/202003121000414；砍柴网官方百家号，《新业务创造新增量 国美零售转型取得积极成果》，https：//baijiahao.baidu.com/s？id＝1663021998691218081&wfr＝spider&for＝pc。有删减和改编。）

案例思考

什么是社群营销？与传统营销方式相比，社群营销具有哪些特点？

一、社群营销概述

（一）社群营销的概念

社群是一个社会学与地理学上的专业名词，指在某些边界线、地区或领域内发生作用的一切社会关系。随着互联网的发展，社群的概念进一步延伸，泛指一切有相互关系的网络，如基于动漫爱好而建立起的动漫群，就是一个趣缘群体[①]，图 4－1 是一个基于《黑执事》动漫而建立的社群。

① 趣缘群体：指人们因兴趣爱好相同而结成的社会群体。

图4－1　××黑执事社群

社群营销是基于已创建社群开展的一种网络社区营销与社会化媒体营销，通过网络营销的方式将社群中的每个用户连接起来，让他们更加紧密地交流，从而实现社群成员的价值。比如课前的国美营销案例中，可基于消费者分类建立不同的国美社群，如西安国美高新店优惠群、北京国美王府井店优惠群等，在建立的社群中发布折扣优惠、抽奖活动等内容，为线上网店实现引流、转化目的。

（二）社群营销的价值

社群营销的价值，主要体现在以下三个方面。

1. 连接

社群是基于某个共同点而建立起的一种网络关系，这个共同点就是将大家连接在一起的纽带，如××黑执事社群，就是基于《黑执事》这部动漫，将喜爱的“黑丝”① 聚集在一起，大家可以在工作之余，在群里聊一些自己对《黑执事》的观点、想法等，群管理员还可以在社群中通过App、小程序、线上线下活动等形式，提升群成员与社群的黏性。

2. 传播

随着互联网及移动互联网的发展，传播主体、传播方式、传播媒介、传播效果等

① 黑丝：《黑执事》动漫粉丝的统称。

都发生了巨大变化，如传播主体有粉丝、KOL（关键意见领袖）、KOC（关键消费领袖）等，传播方式有微信、微博、今日头条等，传播媒介有视频、文字、图片、游戏等，传播效果由以往的单向式传播转变为双向互动式传播，可以更好地实现营销效果。

3. 卖货

社群营销的主要目的是实现粉丝的经济效应，提升销售转化率，将社群作为一种分销体系，进行维护。比如国美“黑伍”活动期间，在创建的社群中发放100元家电通用券，就可以为国美商城实现引流目的，提升平台销售转化率；在社群中发布的红包抽奖、2人成团享7折优惠等活动，不仅能够提升社群成员的活跃度、信任度、黏性，还能够带动众多商品的销量。

（三）社群营销的优势

社群营销的优势主要体现在低成本、快传播、高转化、高复购、价值延伸几个方面。

1. 低成本

创建社群可谓是零成本，前期有无资源皆可创建，如在微信中，可以直接将好友拉在一起创建一个社群，也可以基于某次线下活动现场面对面创建社群。在社群中策划好规则、互动的流程，就可以通过裂变的形式扩大社群规模，而以上这些操作全部是免费的。

2. 快传播

社群是群成员基于共同喜好或目标聚集起来的，群内发布的优惠活动等信息很快会被大家转发到朋友圈或者转发给自己的亲朋好友。每一个人都是一个圈子，而一个圈子可以传播到无数个圈子，如此一来，群内所发布的信息就能够在极短的时间内实现裂变式传播。

3. 高转化

社群营销建立在社交模式之上，群内成员之间具有较高的信任度，群成员往往会比较认可商家或品牌，大多数成员对于产品有潜在需求，相比于传统电商平台，社群中发布的商品或服务成交转化率会更高。

4. 高复购

社群营销模式是基于群成员对于群主的信任展开的，相比于陌生交易，只要群主提供的产品或服务是优质的，就很容易获得群成员的高度认可，并愿意二次购买或者推荐给身边的朋友。

5. **价值延伸**

有的社群创建之初只是为了方便大家交流，但是随着群成员越来越多，可以在社群中推荐一些付费产品供大家体验，甚至是可以组织付费的线下活动，挖掘社群的更多价值。

二、社群营销运用

（一）社群营销策略

要运营好一个社群，有必不可少的四个环节：制定社群目标、获客导客、内容输出、活动转化。

1. **制定社群目标**

商家在开展社群营销之前，需要明确组建社群的数量、每个社群的人数、账号养成的周期、达成的营销效果等；需制订出详细的规划，如社群营销目标达成所需成本，包括人力成本、获客成本、设备成本等；社群创建成功后要如何留存、如何互动、如何转化等。

2. **获客导客**

社群创建之后，接下来就要进行获客导客，这一环节需要按照平台规则进行操作，避免被平台封号，下面以微信群为例向大家具体讲解获客导客的技巧。

（1）前期准备

前期准备需要确定好社群营销的团队人员，准备好成员负责运营的手机、手机号等，每位成员开始注册微信号，并以个性化和吸引眼球为原则设置微信号头像、微信昵称、个性签名等。除此之外，还需在前期准备好发朋友圈的图文内容、添加好友的场景话术等。

（2）账号养成

注册好微信号之后，团队成员不要急着添加好友，在前3个月以账号养成为主，每日坚持做好表4－1中所列事项。

表4－1　账号养成事项

序号	事项
1	每天关注1～2个行业内的权威微信公众号
2	每天不定期更新1～2条提前准备好的朋友圈
3	每天阅读3～5篇公众号文章，并适当转发
4	开通微信支付，与熟号之间发红包互动
5	进5～10个微信群，与群友进行互动

(3) 加好友

账号养成到一定阶段之后，可以开始添加好友，需要注意的是，控制每日加好友的数量，不要频繁操作，加完好友之后应第一时间与对方互动，并且在此期间，还要坚持账号养成工作。

(4) 搭建社群

有了好友，就可以同步建立微信群，按照前期准备阶段制订的规划有条不紊地开展营销工作，如发布群规则、发放群红包等，提高留存率与转化率。

3. 内容输出

内容是社群营销的重要组成部分，是保持群活跃度的有效方式，持续输出，能够加深该群在成员心中的存在感，常见的内容类型如表4－2所示。

表4－2　内容输出

类型	要求
早报内容	每日定时发布；格式统一；控制篇幅；做好互动
话题/实时热点	每日不定时发布；挑选有议论性或者参与度的2~3个话题；注意活跃群氛围
公众号推荐	转发与群相关的文章；避免打广告；以行业热点、社会热点、生活百科类的文章为主
直播课	直播主题需具有一定吸引力；包装直播讲师；多渠道宣传

如图4－2所示为某微信群内容输出。

图4－2　某微信群内容输出

4. **活动转化**

内容的持续输出，能够沉淀一部分用户，为对其进行转化，可以适当推出一些活动，可以深挖社群用户的需求和属性，设计一些具有卖点的营销活动，易于群成员分享，实现用户的裂变，从而扩大社群。

（二）社群营销工具

社群营销的工具有很多，这里重点介绍 QQ 群、微信群、淘宝群三种。

1. **QQ 群**

QQ 群是腾讯公司推出的一个多人聊天交流的公众平台，群主创建 QQ 群之后，可以邀请朋友或者有共同兴趣爱好的人进入群中交流，除此之外，QQ 群还提供了群 BBS（论坛）、群相册、群共享文件、群视频等功能。

进入 QQ 群官网（https：//qun. qq. com/），选择顶部导航栏的“群管理”，就可以通过该平台对自己创建或管理的群进行维护了，如图 4－3 所示。

图 4－3　QQ 群管理

点击群成员右上角的“更多筛选”，可以根据信用、性别、Q 龄、入群时长、最后发言指标筛选成员，了解群成员的活跃性等情况，如图 4－4 所示。

2. **微信群**

微信群是微信提供的一个多人线上聊天沟通平台，一个群最多可容纳 500 人，但平台为了避免恶意账号骚扰群，以及更好地保护个人信息，对于群维护有如下要求。

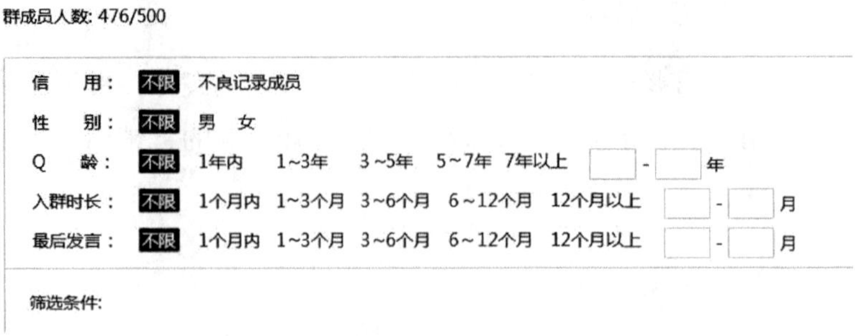

群成员人数: 476/500

信　用：	不限	不良记录成员
性　别：	不限	男　女
Q　龄：	不限	1年内　1~3年　3~5年　5~7年　7年以上　[ ] - [ ] 年
入群时长：	不限	1个月内　1~3个月　3~6个月　6~12个月　12个月以上　[ ] - [ ] 月
最后发言：	不限	1个月内　1~3个月　3~6个月　6~12个月　12个月以上　[ ] - [ ] 月

筛选条件:

图 4－4　筛选群成员

①超过 40 人的群，邀请需得到被邀请方同意后方能进群。

②100 人以上的微信群主要针对已通过实名认证的微信用户。

微信平台将微信群与好友聊天列表一起展示，而 QQ 群则专门展示在群列表中，如图 4－5、图 4－6 所示。

图 4－5　微信群列表展示

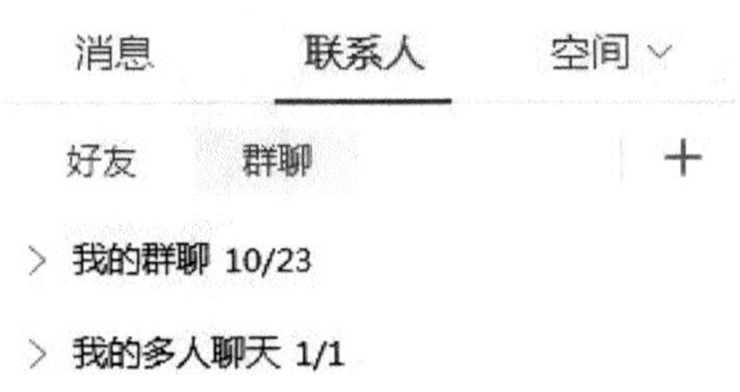

消息　联系人　空间

好友　群聊　+

> 我的群聊 10/23

> 我的多人聊天 1/1

图 4－6　QQ 群列表展示

3. 淘宝群

淘宝群是淘宝网为商家提供的一个与消费者沟通交流的渠道，如图 4－7 所示为某旗舰店淘宝群，通过千牛工作台的“客户运营”→“淘宝群聊”进入淘宝群维护后台。

创建淘宝群的商家有如下几点要求。

①淘宝或天猫正常经营店铺。

②店铺保持稳定持续经营（近 30 天内支付宝成交笔数≥30 笔）。

③有一定的内容运营能力（微淘商家层级≥L1）。

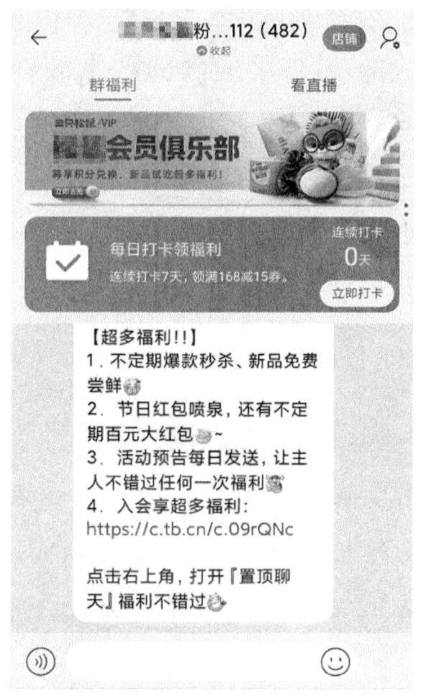

图 4-7　某旗舰店淘宝群

课后提升

请同学们课后用手机扫描右侧二维码，观看与本节课内容相关的微课《社群营销》，深入了解社群营销的运营技巧，课后也尝试着创建并经营一个自己感兴趣的社群，将课堂内容学以致用。

■ 微信扫一扫
■ 码上就能学

任务二　微博营销

微博营销是企业营销的“发动机”。企业可利用微博的媒体性和扩散性为媒体端的各类营销活动导流、造势，从而汇聚人气；利用微博的媒体性和社会性全方位展示品牌气质、产品优势，并且通过和粉丝深度互动，巩固现有的消费者及培育潜在的消费者；通过微博的扩散性、社会性与阿里巴巴等集团的战略合作，实现品牌、产品口碑的广泛传播，并且向消费者提供快捷的购买通道，从而刺激销量。本任务将从微博营销的概念、特点、优势、策略、工具方面向大家展示微博营销的基础知识。

课前学习

请同学们用手机扫描右侧二维码，课前先自学2019年碧桂园#家的模样#微博营销案例，初步了解微博营销的特点，再带着案例自学本任务知识点，能够阐述自己对于微博营销的理解。

课中学习

案例导入

京东微博营销

2019年母亲节前夕，京东在微博上策划了一期“爱在母亲节”营销活动，充分借势母亲节话题，多维度捆绑品牌与节日话题，收获了8.3亿阅读增量，目标增量达到5.5倍，博文正向评论占比99.52%，释放品牌影响力，用“爱”收获口碑无数。

1. 硬核借势

京东借助母亲节，在微博上投放“母亲节快乐”话题，如图4-8所示。话题投放期间，声量迅速攀升，获得25.2亿阅读量、32.3万讨论量。除此之外，京东还充分利用微博的广告流量入口，用精美广告吸引用户的视觉焦点；邀请明星/大V带话题发布博文，引导用户进入节日话题页增加品牌曝光度，让话题热度快速蹿升到微博热搜第六位。

2. 全民互动

在话题内，京东不断输出优质节日视频和文案，引发了用户共鸣，激发出了大量UGC（用户原创内容），网友纷纷留下母亲节评论，博文互动超过了1.6万，京东品牌好感度飙升，获赞无数。

3. 情感延伸

京东贴合母亲节“母亲节快乐”话题传播，引发了广大用户的情感共鸣，纷纷带话题发布文字博文，触发了Card（卡片），为京东带来了海量曝光（见图4-9）。

图4－8　京东“母亲节快乐”话题帖

图4－9　用户带话题发文字博文

（案例来源：社会化营销案例库，《京东母亲节微博营销》，https：//hd. weibo. com/senior/view?id＝30640，有删减和改编。）

案例思考

结合京东微博营销案例，请总结其运用了哪些营销策略？

一、微博营销概述

（一）微博营销的概念

微博营销是商家、个人等借助微博平台，将每一位听众（粉丝）看作潜在营销对象，发现并满足听众（粉丝）的一种商业行为。如京东微博营销案例中，京东借助“母亲节快乐”话题，用图、文、视频等形式传递出品牌故事与品牌理念，通过与粉丝深度互动，挖掘粉丝的潜在需求，适时融入营销内容。

（二）微博营销的特点

微博营销的特点主要体现在以下三个方面。

1. 内容简短

微博的内容十分简短，营销需要直指核心，适应用户“快餐式”的阅读习惯，建议内容不要超过140个字。

2. 双向互动

微博营销往往需与粉丝进行零距离互动，可以听到粉丝的心声，也可以让粉丝了解企业的态度，正如京东母亲节的营销，在与粉丝的一次次博文互动中，产生了病毒式营销的效果。

3. 主动式的口碑营销

微博营销建立在自愿基础上，由微博用户主动参与进来，对感兴趣的内容进行转载，而每一次的转载都是在无形中帮助商家或品牌做了一次口碑宣传。

（三）微博营销的优势

相比于社群营销，微博营销的优势体现在四个方面。

1. 宣传费用很低

很多企业将微博作为品牌形象宣传的主要渠道，如京东母亲节营销，以流量广告、Banner广告等低成本投入，创造出了一个上微博热搜榜的话题，获得25.2亿阅读量，引发了32.3万讨论量，还释放了品牌的正向影响力。

2. 可信度高

微博个人号有实名身份认证，微博企业号有企业认证，其发布的内容具有一定的权威性。

3. **针对性强**

无论是微博话题参与，还是优质内容的转发，都是用户自发的，而这些用户很大一部分是产品或品牌的忠实顾客或者对产品或品牌感兴趣的潜在顾客，让商家的营销具有极强的针对性。

4. **亲和力好**

以消费者的主动传播为主，口碑营销往往更容易让消费者接受。比如京东的母亲节营销案例中，宣传对妈妈爱的表达，激发出消费者的情感共鸣，让品牌更加贴近消费者的生活。

二、微博营销运用

（一）微博营销策略

1. **精准营销**

微博营销，其目的是实现粉丝转化，这就对粉丝的精准性提出了要求，企业在粉丝建设中需要寻找那些对于产品或服务感兴趣的用户，以及符合产品或服务潜在消费特征的用户，利用微博标签、微博群、话题等功能精准集合拥有同好的群体，深挖用户的需求与痛点，开展针对性的营销。

2. **情感营销**

京东母亲节微博营销之所以能够让很多人参与进来，正是因为它的营销微电影《一天》引发了粉丝的情感共鸣（见图 4－10），引发了大家对于妈妈的感恩、愧疚、想念等一系列情绪，于是纷纷参与发帖互动，倾诉对妈妈的爱。这不仅为品牌赋予了更深一层的情感属性，还在无形中拉近了企业与粉丝之间的距离，提高了粉丝对于品牌的依赖感。

3. **品牌代言人营销**

大部分品牌的代言人是企业的董事，如阿里巴巴的马云、新东方的俞敏洪、京东的刘强东、小米的雷军等，他们发表的观点，既代表了自己也代表了企业。同时，品牌也会请明星作为品牌代言人，比如在京东发起的“母亲节快乐”话题中，中国知名的中老年奶粉品牌伊利欣活邀请应援官王一博拍了产品宣传片（见图 4－11）、日本美容仪 ReFa 对朱一龙做了专访短视频等，这些都是利用品牌代言人实施的营销推广。

4. **口碑营销**

“酒香不怕巷子深”就是一种典型的口碑营销方式，产品质量好、服务好，就能获

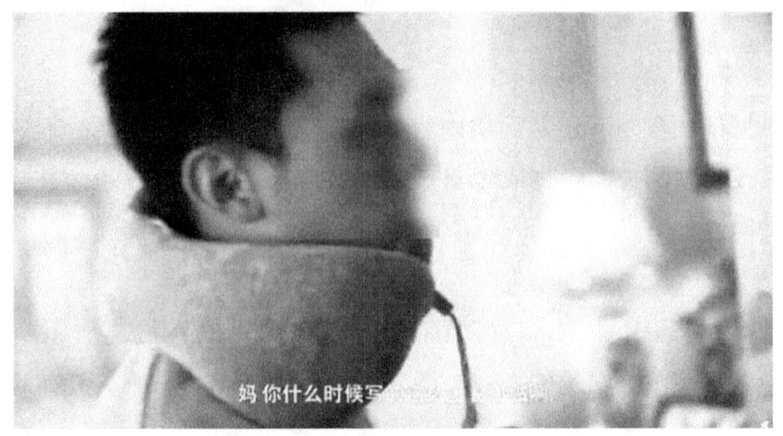

图 4－10　京东微电影《一天》剧照截图

图 4－11　伊利欣活母亲节宣传片剧照截图

得消费者认可。在互联网时代，口碑营销发酵会更快，影响力会更广，形成一种“病毒式营销”效果。口碑营销是一种以小博大的营销方式，其往往会制造一个爆点，产品带着话题附着力，再辅助以广告、公关等多种整合营销方式，在微博上能够迅速、及时地传播，让品牌被广而告之。

5. **互动营销**

微博的一大特点便是双向互动，如京东发布的“母亲节快乐”话题，通过微电影《一天》引发人们思考，引导用户响应“爱趁现在”话题讨论，培养品牌的忠实粉丝，通过粉丝的转发引起连锁效应，推广到更多的群体中，在互动中拉近品牌与粉丝的距离，同时还借助粉丝的力量扩大了消费群体。

（二）微博营销工具

在日常运营中，常见的微博营销工具有皮皮时光机、数据助手、微热点，其中皮皮时光机是常规素材库与自动推送设置工具，数据助手是微博营销数据分析工具，微热点是微博营销舆情监测工具。

1. **皮皮时光机**

皮皮时光机（见图4－12）是皮皮精灵针对新浪微博开发的第三方微博管理应用工具，可以实现定时发布微博、定时转发微博、微博互动、多人协同管理微博、个性化设置、发送记录等功能，同时还提供了强大的微博内容库资源，可以通过互联网搜索“皮皮时光机”或直接登录官方网址 http：//t. pp. cc 进行访问。

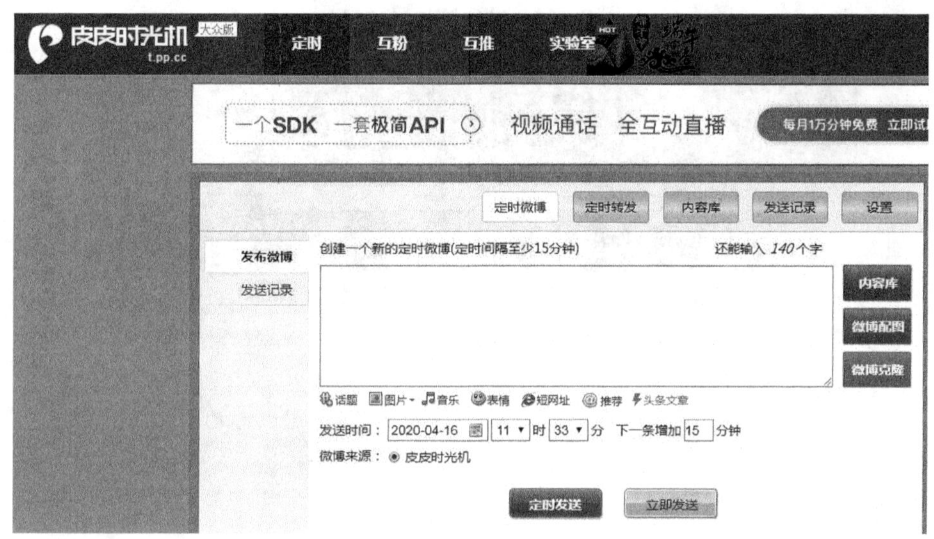

图4－12　皮皮时光机首页

2. **数据助手**

数据助手是新浪微博自带的一个智能数据管家，帮助运营者记录新浪微博的多方位数据，如数据概览、粉丝分析、博文分析、互动分析、相关账号分析、文章分析、视频分析等。点击微博首页个人头像，进入账号后台，选择“管理中心”，就可以进入数据助手模块，如图4－13所示。

3. **微热点**

微热点，原名新浪微舆情，2018年5月25日正式更名，其定位为社会化大数据工具，通过搜索人名、地名、机构、公司、事件关键词等，查阅热度指数、传播分析、口碑分析、微博情绪等内容，为企业公关做好舆情分析与监控管理。通过在浏览器搜索框输入“微热点”或者输入 http：//www. wrd. cn/login. shtml 官方网址，就可以进入微热点官方首页，如图4－14所示。

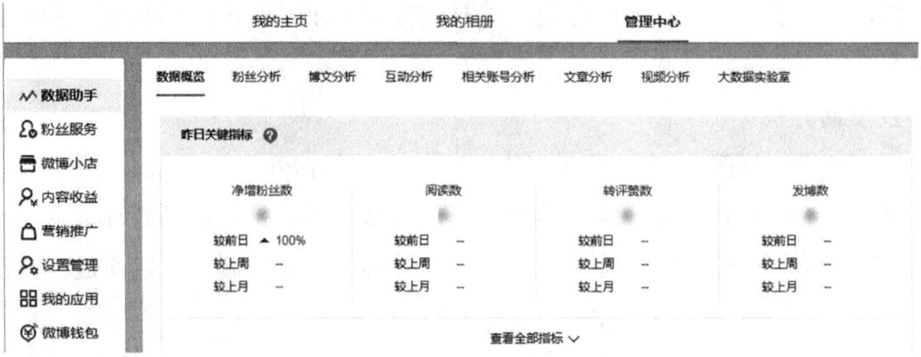

图4-13　微博数据助手模块

图4-14　微热点首页

课后提升

2020年4月20日，微博、网易云音乐、大麦、虾米音乐、腾讯音乐娱乐集团等五大平台共同发起了中国音乐史上最大规模的线上义演——“相信未来”，由著名主持人白岩松、汪涵、华少三地连线主持，预计分三到四场播出。整个义演以“对抗焦虑，回归日常”为主基调，节目形式不拘一格，以流行、摇滚、民谣、古典等音乐形态多元呈现。义演内容向全网视频播放平台全面开放、同步播出。

请同学们结合本节课所学内容，利用微热点工具，了解“相信未来”线上义演的社会影响力。

任务三　微信营销

据《2019微信数据报告》显示，截至2019年9月，微信月活跃账户数为11.51亿，比去年同期增长6%，大部分用户习惯在微信上进行阅读、学习、链接小程序、玩游戏等。随着移动互联网技术与智能手机的变革，微信视频、语音渐渐替代了打电话，微信朋友圈渐渐替代了 QQ 空间，成为人们社交的一种主流方式。微信用户群体的增加，也让众多商家看到了其隐藏的营销商机，越来越多的品牌在微信上开通了公众号、视频号等。那么，微信营销具有什么特点？凸显了哪些优势？有哪些常见的营销策略？这些问题都将在本任务中被重点阐述。

课前学习

学生自学本任务相关知识，了解微信营销的概念、特点、优势、策略及工具，通过互联网搜索《唯品会 2019 微信社会化营销案例》，了解行业中是如何利用微信开展营销推广的。

课中学习

案例导入

宝洁微信营销

2019 年，宝洁和天猫超市年货节推出了一款 DIY 场景互动式的 H5 营销广告（见图4 -15)，上线后马上收获了一批“粉丝”，后台一时拥堵，礼物和房间都成倍增长，引起不少网友热议。

图 4 -15　朋友圈转发截图

用户进入 H5 营销广告之后，可创建自己的家，然后通过转发分享，邀请朋友 DIY 设计这个家，比如送礼物。这是一种 DIY 场景互动营销的创新，添加了社交分享的元素。在这次营销广告中，保洁将洗发水、香皂、牙刷等日用品以道具的形式加入，广告的植入方式算是比较巧妙了，大家玩起来也不会觉得讨厌。

这则 H5 营销广告之所以能够在微信朋友圈快速传播，让很多用户参与其中，其主要体现在以下几点。

1. DIY 的外表下，藏着社交狂的心

这则 H5 营销广告，其实是一个含有社交属性的互动场景，不同于一般的多人 DIY，搭载了实时滚动条的拜年 H5 营销广告，让多人互动更加真实、有趣，吸引大量粉丝参与其中。

2. 线上云拜年，让年味简单点

这则 H5 营销广告开启了云拜年的新玩法，让每个人都能轻轻松松参与到过年的氛围里，年轻群体在礼尚往来间，提前注入了喜庆氛围，让年味变得更加浓烈（见图 4－16）。

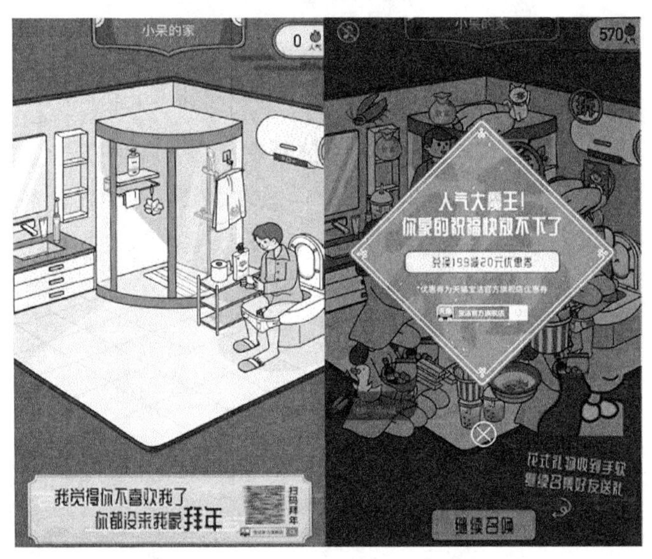

图 4－16　内容页面

3. 好玩的礼物，深入了解年轻人的喜好

在 H5 营销广告中，嵌入了很多礼物供粉丝挑选，宝洁产品只是作为部分礼物出现。除此之外，还设置了一些日常生活中想拥有又很难拥有、想送但又不敢送的礼物，再搭配社交文案，让年轻人感受到了拜年送礼的“性感和可爱”。

当大家将自己的家转发到朋友圈中时，又带动了二次发酵，让朋友定义玩者的形象，如“人气大魔王”“大猪蹄子”等，在轻松诙谐间加深了对宝洁产品的认识（见图 4－17）。

（案例来源：数英网，《宝洁：过年别再给我送男朋友了！再多就放不下了》，ht-

图 4－17　人气大魔王

tps：//www. digitaling. com/projects/53423. html，有删减和改编。)

案例思考

结合自学内容，请思考案例中的微信营销采用的是什么策略？突出了微信营销的哪些优势？

一、微信营销概述

（一）微信营销的概念

微信营销是网络经济时代衍生的一种企业或个人营销模式。用户注册微信后，只要有网络信号，就可以随时随地与身边同样注册微信的朋友进行沟通交流，打破了空间上的距离。

商家在微信平台推出自己的公众号，向关注了的微信用户推广产品，从而实现点对点的营销，如微官网、微会员、微推送、微支付、微活动等。

（二）微信营销的特点

1. 点对点式精准营销

微信的用户群体十分庞大，借助移动网络技术，可将每一条消息推送到每个用户手机上，真正实现了点对点的交流，有助于经营用户、管理用户。

2. 营销方式灵活多样

借助微信，企业或个人可以开展多种营销，如二维码、摇一摇、公众号、小程序、扫一扫、附近的人、广告植入等，多样化的营销方式为企业打造不同营销场景提供了便利。

3. 强关系模式

微信的点对点沟通交流模式，能够让企业或个人快速将普通关系升级成强关系，通过互动的形式使企业或个人与潜在目标群体建立联系，拉近他们之间的距离，最终以朋友的关系进行营销。

（三）微信营销的优势

1. 高触达

与短信营销相比，微信营销一大特色就是发送的营销消息不会被拦截，以好友身份群发的消息会快速传递到对方的聊天对话中，这让企业或个人的营销内容能够精准地触达目标用户。

2. 高接受

如今，微信已经成为人们的主要社交工具，其可信度和安全度也受到了大家的一致认可，借助微信公众号、小程序等方式宣传的营销信息，能够引发自愿关注和使用的用户的兴趣，从而激发出其潜在购买意向。

3. 高转化

无论是微信朋友圈，还是微信公众号，抑或是微信聊天信息，其消息的呈现是以时间为标准进行排列的，企业或个人发送的营销消息打开率很高，加之与目标用户之间建立的强关系，大大提升了营销的转化率。

4. 高互动

微信的使用次数已经超越了打电话的频率，随着 4G 网络的普及及 5G 网络的快速发展，微信已渐渐成为人们沟通、支付等的主要方式，比如宝洁的微信营销中，借助 H5 的交互技术，在微信朋友圈之间进行互动，让大家感到有趣的同时，通过互动送礼宣传了宝洁的商品。

二、微信营销运用

（一）微信营销策略

随着微信应用越来越广，微信营销的用法也越来越多，下面就介绍几种当前比较常用的微信营销组合。

1. 微信会员卡

微信会员卡是一种会员营销方式。商家基于线下实体店在微信上发放电子会员卡，当消费者去实体店消费时，出示会员卡二维码或者电子卡，就可以享受特定的会员折扣服务，如图4－18所示。

相比于传统会员卡而言，微信会员卡不仅节省了物料成本，也帮助商家以微信的形式获取到了精准目标人群，以较低的推广成本实现了品牌口碑传播和用户量积累。

2. 公众号＋自定义菜单＋客服

微信公众号开放了自定义菜单API（应用程序接口），企业可以自主定制菜单模式，不仅能够凸显出品牌的风格，还能够为消费者提供便捷的会员服务，如产品保修、产品物流查询、会员商城等，从而增加消费者对于产品及服务的满意度。比如小米手机微信公众号，提供的个性服务有“最新产品”“找服务”两个模块，尤其是“找服务”，为小米的一个主要客服通道。

图4－18　微信会员卡举例

3. 线上活动＋优惠券

在新零售时代，许多线下门店需要有效转化线上与线下消费者，通过微信，以发放优惠券的形式，向目标消费群体推送线上活动，引导消费者能够到线下门店消费，比如随着优酷剧《全世界最好的你》播出，吉野家在微信公众号中推出了限时免配送费的活动，为所有“吉粉”提供优惠活动（见图4－19）。

4. 位置＋优惠券

基于手机的定位功能，可以通过微信定位实现O2O营销，比如麦当劳，消费者进

图 4－19　吉野家线上活动页面

入麦当劳微信公众号，选择“点餐外送”中的“查找餐厅”，在授权定位地理位置后，系统就会推荐距离最近的麦当劳门店，消费者还可以在线领取优惠券去门店消费，如图 4－20 所示。

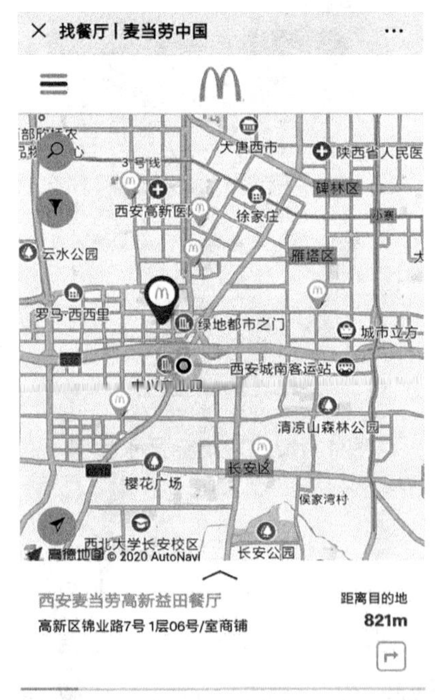

图 4－20　麦当劳“查找餐厅”页面

5. 公众号＋垂直媒体矩阵

基于微信公众号对消费者进行细分，从而进行垂直内容营销，满足不同消费者的需求，比如美丽说黑板报、美丽说 HIGO、美丽说服务中心，形成美丽说的订阅号矩阵，每个账号的定位不同，有发布资讯的，有提供服务的，还有发布活动的，基于细分的目标消费群体分享有营养的内容，实现订阅号运营的专一性，提高目标群体的营销转化。

（二）微信营销工具

1. 西瓜助手

西瓜助手是一款基于数据挖掘的内容推荐引擎产品，是专注于自媒体垂直领域的数据专家，为微信公众号运营者提供专业的内容检索及推荐服务，其为运营者提供的功能有我运营的公众号、数据分析、智能营销、工具箱等，如图 4－21 所示。

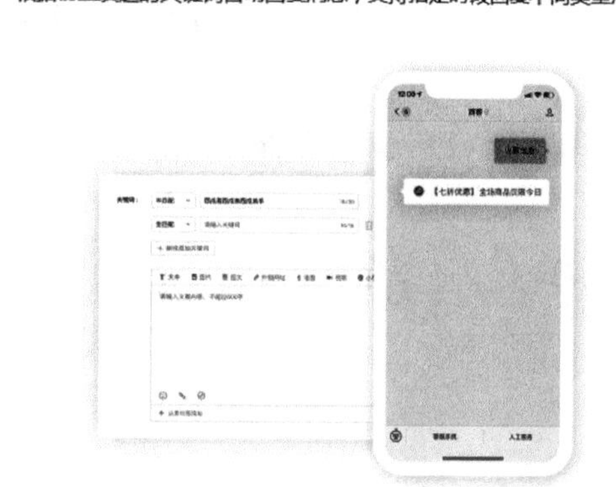

图 4－21 西瓜助手

在搜索框中输入“西瓜助手”或者通过官网 http：//zs. xiguaji. com/进入西瓜助手首页（见图 4－22），点击右上角的“登录”，进入西瓜助手后台，后台绑定微信公众号，就可以实现微信公众号运营管理的内容及数据同步管理。

2. 秀米编辑器

秀米编辑器是一款提供微信公众号文章排版和内容编辑的在线工具，样式丰富，支持图文排版、H5 制作，为微信营销运营人员提供了排版模板、自定义设计、图文收藏、一键同步等多种功能，让微信公众号图文编辑变得更加便捷。

在百度框中输入“秀米”或者直接输入官方网址 https：//xiumi. us/#/，进入秀米官网首页，如图 4－23 所示。登录秀米后，选择需要编辑的内容样式，就可以进入后台进行编辑了。

图 4－22　西瓜助手首页

图 4－23　秀米编辑器首页

课后提升

课后学习以巩固本任务的相关知识为主，用手机扫描右侧二维码，通过一个与微信营销相关的小程序，测试课堂所学知识掌握情况，并拓展学习微信营销策划相关内容。

■ 微信扫一扫
■ 码上就能学

任务四　短视频营销

2019 年的春节联欢晚会在抖音上进行了转播，抖音作为 2019 年春晚的独家社交媒体传播平台，与央视共同发起“幸福又一年”主题活动，以春晚官方抖音账号为阵地，上线除夕当晚的“模仿秀”、专门的春节主题特效贴纸、春节期间的随拍功能“集音符，迎彩头”等。无独有偶，2020 年的春节联欢晚会，快手拿到了独家互动合作授权，承包了从春晚预热到元宵晚会期间的宣发、大小屏互动等宣传推广。短视频近两年快速发展，为众多商家与企业提供了一种新的推广方式。本节将围绕短视频营销的基本知识展开介绍，包括短视频营销概念、特点、优势、营销策略、常见的营销平台。

课前学习

学生在课前自学本任务知识点，结合自己在生活中使用短视频的体验，扫描右侧二维码，学习艾瑞咨询发布的《2019 年中国短视频企业营销策略白皮书》，了解中国短视频市场发展及营销环境、中国短视频用户洞察、中国短视频企业营销策略、中国短视频企业营销趋势等。

■ 微信扫一扫
■ 码上就能学

课中学习

案例导入

苏宁易购“双十一”营销

2019 年“双十一”，苏宁易购借助吐槽的方式，开创全新形式“段子广告”，并启用吐槽大会顶流配置庞博、思文、建国、史炎打造硬核吐槽矩阵。营销中，脱口秀大咖用轻松幽默、先抑后扬、先痛后笑的段子吐槽各种购物难题，最后回到苏宁开心购物的“解决方案”。

这场营销从 10 月 27 日开始，以第一个病毒视频《哈哈哈哈哈哈》作为先导片，集结脱口秀大咖的魔性笑声，紧扣主题“笑购了没”，内容上紧接着配合各个时间节点播出对应视频内容。

据后期统计，苏宁易购 2019 年“双十一”总营销预算花费 350 万元，病毒视频《哈哈哈哈哈哈》全网总播放量 2.7 亿，全网总曝光量 6 亿，而微博上#哈哈哈哈哈哈# #笑购了没#话题阅读量达到 1.45 亿，话题讨论量约 7.6 万，官方抖音增长了 3.7 万粉丝，节目播出期间，苏宁易购 App 导流用户的平均停留时间提升 518%，导流新用户占比 78%。

（案例来源：伙壹，《苏宁易购双十一段子式营销，低配版〈吐槽大会〉上线》，https：//creative. adquan. com/show/290951，有删减和改编。）

案例思考

将苏宁易购“双十一”营销案例、京东微博营销案例、国美的社群营销案例等进行对比，请同学们总结短视频营销的优势。

一、短视频营销概述

（一）短视频营销概念

短视频又叫短片视频，是通过移动智能终端进行拍摄、美化、编辑，最终在各种社交媒体平台上播放、传播，适合用户在移动或短时间休息状态下观看的视频。

行业目前尚没有对短视频营销进行清晰定义。Social Beta 认为，短视频是一种视频长度以秒计数，主要依托于移动智能终端实现快速拍摄与美化编辑，可在社交媒体平台上实时分享和无缝对接的一种新型视频形式。艾瑞咨询发布的《2019年中国短视频企业营销策略白皮书》中，将短视频定义为“时长 10 分钟内的网络视频内容”。

短视频营销，是基于短视频这种方式开展的营销活动，短视频可链接网店，进行短视频广告植入、宣传产品或品牌等，就像苏宁易购在吐槽节目中，通过庞博、思文、建国、史炎以吐槽生活的方式，植入苏宁“双十一”的一些活动、特色服务等，从而实现为苏宁易购 App 导流目的。

（二）短视频营销特点

短视频营销相比于社群营销、微博营销、微信营销，其内容形式更加生动，也呈现出了一些独有的特点。

1. 原生性

短视频营销，倡导的是一种内容即广告的营销理念，广告在短视频中也会成为一个有意思的内容。比如在苏宁易购的吐槽节目中，庞博、思文等以吐槽生活的方式，将苏宁易购“双十一”的营销活动介绍出来，并且设计笑点，让粉丝在轻松娱乐的情境中认可苏宁易购。但短视频的内容原生广告不同于植入广告，它是围绕产品去生产内容，让内容成为产品的广告，模糊了广告与内容之间的界限。

2. 互动性

短视频具有很高的互动性。比如抖音、快手等短视频可以点赞、收藏、转发，甚至一些电商类的短视频支持在线购物；bilibili、腾讯等视频播放平台上的视频提供了弹幕功能。

3. **多场景化**

据艾瑞咨询发布的《2019年中国短视频企业营销策略白皮书》统计，从年龄分布来看，短视频用户群体中25～35岁人群占比高达51.3%，短视频正逐渐从24岁以下青年人群向25～35岁中青年用户群体渗透，而这些用户群体一般因为工作等原因，观看短视频的时间比较碎片化，为了实现营销目的，需要打造多种应用场景，比如苏宁易购的营销中，思文、建国等在吐槽时塑造了不同的场景，触动消费者的情感。

4. **高创意**

短视频平台与微博等不同，一般采用的是分散的内容制作机制，为了扩大流量，需要基于大数据、人工智能不断收集用户兴趣，寻找新的和有趣的内容。

（三）短视频营销优势

1. **视觉冲击力强**

短视频营销是以视频的形式进行营销，相比静态的图片与文案，它更容易引起用户关注，更能让用户放松心情，让产品和品牌的背后的文化、理念、价值、情感能够传递出来。

2. **互动性强**

在抖音、快手等平台，会看到很多模仿视频，在模仿过程中创造出新视频，这种模仿互动在无形中提高了视频的宣传效果。

3. **传播渠道广泛**

短视频营销具有社交特性，支持微信朋友圈、微信群转发，比如抖音、快手、火山等App，当用户发布一个作品后，可以一键将作品转发到其他的社交圈子，让更多人看到，从而提高视频的播放量和浏览量。

4. **营销策划更专业**

短视频营销需要更加专业的策划，尤其是做优质短视频内容，需要好的编导、策划、脚本、摄像师、灯光师、音响师等，往往是多人合作完成的。

二、短视频营销运用

（一）短视频营销策略

1. **关键词布局**

短视频营销需要对于内容精准定位，这将关系到平台的流量扶持；而关键词布局，则是为了更好地适应平台的推荐逻辑，要从行业词选择、产品词选择、周边词选择三个维度选择适合的关键词，并将关键词布局在视频标题、视频简介、视频标签、视频内容、视频评论之中。

2. 内容布局

关键词的布局是为了符合平台的推荐逻辑，而内容布局则关系着是否能够抓住粉丝的兴趣点。一般有价值型和问题型两种布局：价值型短视频内容是以为粉丝提供某种价值为主，比如教炒菜、生活小妙招、行业小技巧等；问题型短视频内容是以解决粉丝疑问为主，比如产品测试、品牌售后、在线答疑等。

3. 平台布局

平台布局解决的是短视频营销的渠道问题。视频平台布局需要基于视频内容、目标群体、营销目的、平台流量等综合考虑，选择最适合的平台发布营销内容，比如抖音、快手、秒拍、美拍等，抖音与快手逐渐向电商转型，其变现模式也相对比较成熟；秒拍和美拍则更倾向于以社交娱乐为主，其内容多为好玩、有趣的短视频。

4. 效果布局

短视频运营可以从效果进行布局分析，相同内容的短视频，可以在不同平台发布，整理各平台上的播放数量、评论数量、转载数和点赞、收藏数，以自然宣传效果为衡量标准，筛选出热播平台，对其进行重点维护。

5. 推广布局

推广布局，解决的是人员问题，从投入的成本考虑，布局短视频内容营销的团队，前期应以 1 ~2 人进行短视频营销测试，当营销效果明显之后，可以考虑招募人手，组建专业的短视频营销团队。

（二）短视频营销平台

1. 抖音

抖音短视频是一款音乐创意短视频社交软件，从今日头条孵化，于 2016 年 9 月正式上线，是一个专注年轻人表达自我，记录美好生活的短视频分享平台，用户可以用抖音 App 拍摄短视频并添加音乐及特效，形成自己的作品。

目前抖音提供了授权管理、内容发布与管理、直播管理、互动管理、数据管理等功能，让每一个人都可以在抖音平台上创作并发布自己的作品。

2. 快手

快手是北京快手科技有限公司旗下的产品，其前身是“GIF 快手”，于 2011 年 3 月诞生，最初只是一款用于制作、分享 GIF 图片的手机应用，2012 年，快手从纯粹的工具应用转型成为短视频社区，是用户用于记录和分享生活的平台。

快手致力于打造国民短视频社区，目前为用户提供了快手直播、快影、AcFun、一甜相机等产品，为音乐人、机构、内容生产者等提供了短视频发布、推广、数据经营等服务。

如图 4－24 所示为快手官网首页。

图 4－24　快手官网首页

课后提升

请同学们在课后下载一个短视频 App，关注 10 个自己感兴趣的账号，选择一个垂直度高的账号，查看其最近一个月发布的短视频内容，分析其采用的短视频营销策略是什么。

项目小结

本项目围绕电商推广这一主要内容展开介绍，具体阐述了当前比较流行的四种推广方式——社群营销、微博营销、微信营销、短视频营销，引导学生初步了解这四种推广方式的特点及优势，掌握这四种营销方式的策略及常见的营销工具。通过本项目学习，相信同学们能够系统、全面地认识与掌握电商推广相关知识与应用技巧。

课程思政

“双十一”购物狂欢节，起源于 2009 年 11 月 11 日淘宝商城（天猫）举办的网络促销活动，虽然当时参与的商家数量与平台提供的促销力度有限，但所获营业额却远超预期，于是 11 月 11 日便成为天猫举办大规模促销活动的固定日期。

淘宝（天猫）商城“双十一”购物狂欢节从 2009 年开始已经走过了十几个年头，全天交易额不断被刷新。2009 年，销售额 0.52 亿元，27 家品牌参与；2010 年，销售额 9.36 亿元，711 家品牌参与；2011 年，销售额 33.6 亿元，2200 家品牌参与；2012

年，销售额132亿元，10000家品牌参与；2013年，销售额352亿元，20000家品牌参与；2014年，销售额571亿元，27000家品牌参与；2015年，销售额912亿元，40000家品牌参与；2016年，销售额1207亿元，98000家品牌参与；2017年，销售额1682亿元，140000家品牌参与；2018年，销售额2135亿元，180000家品牌参与；2019年，销售额2684亿元，299个品牌跻身“亿元俱乐部”，15个品牌成交额超过10亿元。

时至今日，每年的11月11日已不单是天猫平台的促销日，它俨然已经成为整个电子商务行业举办全民购物盛宴的日子。随着电子商务的发展，倒逼着我国互联网基础设施、网络交易环境、营销方式、物流售后等方面不断变革。

完善的互联网基础设施是电子商务健康持续发展的前提，我国互联网经过多年发展，已经从2G网络普及升级到了4G网络，目前也已全面布局5G网络。据2020年4月28日中国互联网络信息中心（CNNIC）发布的第45次《中国互联网络发展状况统计报告》统计，截至2020年3月，我国网民规模为9.04亿，互联网普及率达64.5%，庞大的网民构成了中国蓬勃发展的消费市场，也为数字经济发展打下了坚实的用户基础；截至2019年，我国已建成全球最大规模光纤和移动通信网络，行政村通光纤和4G网络比例均超过98%，固定互联网宽带用户接入超过4.5亿户；截至2019年12月，我国已经建成5G基站超过13万个，5G产业链推动人工智能与物联网结合发展到智联网。

安全的网络交易环境为电子商务健康持续发展提供了保障。我国为保障电子商务行业有序发展，于2014年3月15日起废止国家工商行政管理总局（现国家市场监督管理总局）2010年5月31日发布的《网络商品交易及有关服务行为管理暂行办法》，正式施行《网络交易管理办法》。2019年1月1日起正式施行我国电商领域的首部综合性法律《中华人民共和国电子商务法》，进一步规范网络交易市场秩序，维护各方主体合法权益，促进网络交易持续健康发展。

每一年的“双十一”购物节启动期间，各大电商平台为了有效转化消费者，往往会推出许多玩法，这也让电子商务营销推广方面出现了诸多新形式，比如2019年“双十一”，天猫除了满减、全场五折、限时抢购、直通车等常规营销外，还首度联合中国内地及海外十多家电视台同时直播，更是创新出了“猫客粉丝趴”“手淘社区”“愿望清单”“达人直播”等多种玩法。

物流是电子商务后端的重要环节，随着电子商务的快速发展，我国物流业实现了快速转型，众多物流企业引入信息化技术，如自动分拣、自动包装、无人仓库、无人车配送、无人机配送等，大大提升了物流服务质量，缩短了物流配送时效。

总而言之，“双十一”所带动的汹涌客流和庞大的单日成交量反映出了中国网上消费的巨大潜力，这在当前经济下行压力加大的背景下有助于拉动内需。除此之外，线上交易模式作为一种新兴营销方式补充并完善了零售产业的营销渠道，从而倒逼我国传统零售业实现转型升级。

（资料来源：改编自第 45 次《中国互联网络发展状况统计报告》《网络商品交易及有关服务行为管理暂行办法》及百度百科。）

项目五　大学生创新创业案例赏析

项目导入

2019年10月10日，教育部召开新闻发布会，介绍深化高校创新创业教育改革及中国“互联网+”大学生创新创业大赛以赛促创、以赛促教有关情况。当前创新创业教育已成为高等教育人才培养的重要突破口，而大赛是人才培养改革的重要载体和平台。“挑战杯”中国大学生创业计划竞赛、“创青春”全国大学生创业大赛（“挑战杯”中国大学生创业计划竞赛的改革提升）是全国目前最具有导向性、示范性和权威代表性的全国竞赛活动，能够极大地激发学生创新创业的热情，释放出“青年+创新创业”的无穷力量。

学习目标

知识目标

1. 了解大学生创新创业比赛类型。
2. 掌握大学生创新创业比赛参赛条件。
3. 了解大学生参与创新创业比赛的意义。

技能目标

1. 熟练掌握参与大学生创新创业比赛的流程。
2. 能够分析成功的创业案例所具备的特征。

思政目标

培养学生创新创业意识，响应国家号召，积极参与大学生创新创业比赛。

任务分解

本项目包含了以下两个任务：

任务一　“挑战杯”中国大学生创业计划竞赛中的创新创业案例

任务二　“创青春”全国大学生创业大赛中的创新创业案例

本项目旨在通过了解“挑战杯”“创青春”两个全国创业大赛的背景、参赛条件、比赛流程及经典案例，培养学生创新创业的热情与积极性，激发学生勇于创新创业。

任务一　“挑战杯”中国大学生创业计划竞赛中的创新创业案例

“挑战杯”中国大学生创业计划竞赛自举办以来，始终坚持“崇尚科学、追求真知、勤奋学习、锐意创新、迎接挑战”的宗旨，为全国大学生创新创业能力发展提供了平台，在促进高校产研结合，培养复合型、创造型人才，推动大学生创新创业意识培养方面发挥了积极的作用。

课前学习

学生登录“挑战杯”全国大学生课外学术科技作品竞赛官方网站（http：//www. tiaozhanbei. net），了解“挑战杯”中国大学生创业计划竞赛相关知识，并收集往届比赛的优秀案例（至少 1 个），与同学们交流分享。

课中学习

案例导入

“挑战杯”打造大学生“双创”孵化器

如今已是“改革开放 40 年百名杰出民营企业家”之一的安徽科大讯飞信息科技股份有限公司董事长刘庆峰，曾带着自己的“人机语音交互技术”，站上第五届“挑战杯”领奖台。而他的参赛经历，也成为他从学校走向创业市场的动力。

“‘挑战杯’激发了我的创业热情和信心。”刘庆峰说，“让机器像人一样‘能听会说’的智能语音技术不仅拥有广阔的产业前景，而且在通信安全和民族文化传播等领域都有着重要的应用价值。”

张磊是第十届“挑战杯”参赛者，他的项目主要关注矿工安全，设计研究了一种“安全矿帽”，可以实时监控矿工所处位置，还能监控矿井环境的安全程度，一旦矿井环境不安全，矿帽就会向矿工发出警报。与张磊一样关注矿工安全的还有第十届“挑战杯”山西大学选手张雷，他带来了“新型矿用红外灯瓦斯传感器”。

几十年来，关注“挑战杯”的企业从“乡镇企业”发展到“高科技企业”，参赛作品的成果转化从“多项科技成果被开发利用”到“数十项作品与企业签约”，签约总金额也从最初的几万元、数十万元到如今的上亿元。

在江西广恩和制药有限公司董事长李希看来，“挑战杯”在很大程度上破解了高校科研“闭门造车”的问题。“‘挑战杯’逐渐成为学校与市场之间的纽带，竞赛已经不仅是一个学生展示才能的舞台，还是科研成果转化成生产力的孵化器。”

作为连接社会资源与学校资源的纽带，“挑战杯”在推动各高校提供政策支持的同时，也促进了优秀创业项目与风险投资的有效对接，顺应发展创新创业教育的时代趋势，注重培养学生学习科技成果转化、项目累进创新的能力。

（案例来源：中国青年网，《“挑战杯”打造大学生“双创”孵化器》，http：//news. youth. cn/gn/201911/t20191108_12113896. htm，有删减和改编。）

案例思考

结合案例，分析大学生参加“挑战杯”中国大学生创业计划竞赛的意义是什么。

一、“挑战杯”中国大学生创业计划竞赛

1. 大赛介绍

创业计划竞赛于20世纪80年代起源美国，又称商业计划竞赛。它借助风险投资运作模式，要求参赛者组成学科交叉、优势互补的竞赛团队，就一项具有市场前景的技术产品或服务，以获得风险资本的投资为目的，完成一份完整、具体、深入的创业计划。

“挑战杯”系列竞赛被誉为中国大学生科技创新创业的“奥林匹克”盛会，是由共青团中央、中国科协、教育部、全国学联和地方政府主办的大学生课外科技文化活动中一项具有导向性、示范性和群众性的全国竞赛活动，每两年举办一届，具体情况如表5－1所示。

表5－1　“挑战杯”中国大学生创业计划竞赛

时间	届次	举办单位
1999年	首届“挑战杯”和讯网中国大学生创业计划竞赛	由共青团中央、中国科协、全国学联主办，清华大学承办
2000年	第二届“挑战杯”万维投资中国大学生创业计划竞赛	由共青团中央、中国科协、全国学联主办，上海交通大学承办

续表

时间	届次	举办单位
2002 年	第三届“挑战杯”天堂硅谷中国大学生创业计划竞赛	由共青团中央、中国科协、全国学联、教育部主办，杭州市人民政府、浙江大学承办
2004 年	第四届“挑战杯”中国银行中国大学生创业计划竞赛	由共青团中央、中国科协、全国学联、教育部主办，厦门大学承办
2006 年	第五届“挑战杯”飞利浦中国大学生创业计划竞赛	由共青团中央、教育部、中国科协、全国学联主办，济南市人民政府、山东大学承办
2008 年	第六届“挑战杯”中国大学生创业计划竞赛	由共青团中央、中国科协、全国学联、教育部主办，四川大学承办
2010 年	第七届“挑战杯”中国大学生创业计划竞赛	由共青团中央、教育部、中国科协、全国学联主办，长春市政府、吉林大学承办
2012 年	第八届“挑战杯”中国大学生创业计划竞赛	由共青团中央、教育部、中国科协、全国学联主办，上海市人民政府、同济大学承办

2. 竞赛的基本方式

高等学校在校学生通过申报商业计划书参赛，有条件的团队可在此基础上进行商业运营实践；聘请专家评定出具备一定操作性、应用性以及良好市场潜力和发展前景的优秀作品，给予奖励；组织作品和成果的交流、展览、转让活动。

在符合竞赛宗旨、具有良好导向的前提下，竞赛设立专项赛事。

3. 参赛条件

关于参赛资格与作品申报，《“挑战杯”中国大学生创业计划竞赛 章程》有明确规定，具体如表 5 - 2 所示。

4. 比赛流程

竞赛采取学校、省（自治区、直辖市）和全国三级赛制，分预赛、复赛、决赛三个赛段进行。

5. 参赛的意义

在每届竞赛举办期间，全国组织委员会将适时在全国范围遴选确定若干大学生创业示范园区，并联合园区及风险投资机构举办项目对接和孵化活动，对竞赛中涌现出的优秀作品优先转化。同时，全国组织委员会将适时设立大学生创业基金，加强与创业投资公司、金融机构等方面合作，为高校学生通过参与竞赛实现创业提供支持。例如，在第三届大赛中，南京大学的“格霖新一代绿色环保空气净化器”商业计划获得了高达 2595 万元的风险投资。

表 5 -2　　“挑战杯”中国大学生创业计划竞赛参赛资格

项目	内容
参赛条件	凡在举办竞赛终审决赛的当年 7 月 1 日以前正式注册的全日制非成人教育的各类高等院校在校专科生、本科生、硕士研究生和博士研究生（均不含在职研究生）都可参赛
作品申报条件	参赛作品分为已创业（甲类）与未创业（乙类）两类；分为农林、畜牧、食品及相关产业，生物医药，化工技术、环境科学，电子信息，材料，机械能源，服务咨询等七组。实行分类、分组申报。 甲类：拥有或授权拥有产品或服务，并已在工商、民政等政府部门注册登记为企业、个体工商户、民办非企业单位等组织形式，且法人代表或经营者为符合参赛条件的在校学生、运营时间在三个月以上（以预赛网络报备时间为截止日期）的项目。 乙类：拥有或授权拥有产品或服务，具有核心团队，具备实施创业的基本条件，但尚未在工商、民政等政府部门注册登记或注册登记时间在三个月以下的项目
参赛形式	①以学校为单位统一申报，以创业团队形式参赛，原则上每个团队人数不超过 10 人。 ②对于跨校组队参赛的作品，各成员须事先协商明确作品的申报单位。 ③对于经授权的发明创造或专利技术，在报名时需提交具有法律效应的发明创造或专利技术所有人的书面授权许可、作品鉴定证书、专利证书等。 ④对于已注册运营项目的，在报名时需提交相关证明材料（含单位概况、法定代表人情况、营业执照复印件、税务登记证复印件、组织机构代码复印件等材料）
参赛作品数量	①每个学校选送参加主体竞赛的作品总数不得超过三件（专项竞赛名额另计），每人（每个团队）限报一件。 ②参赛作品须经过本省（区、市）组织协调委员会进行资格及形式审查和本省（区、市）评审委员会初步评定，方可上报全国组织委员会办公室。 ③各省（区、市）选送全国竞赛的作品数额由主办单位统一确定

二、“‘礼予’信息技术有限责任公司”项目

“‘礼予’信息技术有限责任公司”项目是河南财经政法大学某团队参加“挑战杯”中国大学生创业计划竞赛的作品。作品中的“礼予”信息技术有限责任公司是一家筹备中的个性化礼品定制公司，致力于满足青年群体个性化礼品定制服务需求，打造国内知名礼品定制品牌。

该项目根据市场调研结果，将公司业务的消费群体定位为 18 ~ 30 岁的青年群体，该群体在礼品消费方面具有追求时尚性、个性化突出的特点，且受电商发展影响深刻，因此公司在专业从事各类礼品设计、研发、销售的同时重点依托网络平台进行营销推广，生产业务外包。该公司的性质为股份制有限责任公司，拟注册资本为 700 万元，

初期公司组织结构采取扁平化的直线职能制，后期采取以产品为划分方式的事业部制组织结构，即股东代表组成董事会，实行总经理负责制，下设综合部、财务部、营销部、公关部、研发部、物流部、生产部。

公司定位是打造国内知名礼品定制品牌，其运营策略是与专业的电子商务公司合作建设高质量的公司网站，同时在淘宝开设企业店铺，与优质的礼品生产商合作，建立稳定的战略合作关系，通过互联网平台进行营销推广，从而打开市场，树立企业形象，打造企业的知名度、美誉度。关于销售渠道，拟定在北京、上海等礼品定制业务发达地区实行销售工程师与客户点对点的直销模式，在其他非重点区域的目标市场采取代理销售的模式。推广策略是在淘宝网、1688、腾讯网、今日头条等平台加大广告宣传力度，参与礼品行业展销会，加强公司网站建设及内容跟新，开展系列公益活动，多方位推广公司品牌。

该项目参与校级“挑战杯”中国大学生创业计划竞赛的过程简要如下。

1. 组建团队

成员是参赛团队的核心力量，直接影响着创业成果的输出质量。根据“挑战杯”中国大学生创业计划竞赛章程要求，参赛团队人数不多于 10 人，发起人寻找口头表达能力强、专业知识扎实、文字撰写能力突出、综合能力强的学生作为团队核心，涉及的专业有管理、经济、营销、电子商务、法律、财务、计算机等，在注重专业知识的同时，强调具有共同的创业理念，成员间能够优势互补。

2. 确定选题

确定了参赛团队的成员后，接下来就是确定选题，开发创业项目。如何确定创业项目呢？团队成员从身边大学生礼品消费状况发散思维，运用头脑风暴法，集思广益，初步确定出定制礼品的商业创意。在挖掘商业创意时，团队成员重点考虑以下问题：一是提出的服务或产品市场前景如何？二是企业如何运营？三是该商业计划如何实施？

3. 市场调研

团队成员初步确定出项目主题后，该创意能否转化为商机呢？还需要做全面的市场调研。团队成员们通过案头调查法、人员访问法、网络调查法收集礼品定制的有关数据，了解青年群体的礼品消费状况，同时运用 PEST 分析法、SWOT 分析法分析当前礼品消费市场环境以及该创业项目的优势、劣势、机会和威胁，最终确定该项目具有市场前景，可作为参赛的项目。

4. 撰写创业计划书

确定出创业项目后，创业团队就要围绕该项目细致讨论，合理分工，完成项目创业计划书的撰写。在撰写前期，团队成员收集资料，开会讨论解决如下问题：①项目背景如何？包括产业背景、产品介绍、研究与开发、未来规划等；②市场机会在哪里？主要是分析目标市场、研究消费者画像、制定销售策略、竞争分析等；③如何进行市场营销？包括价格策略、促销策略、各种新媒体优劣势分析、融媒体营销渠道建立等；④如何进行生产管理？包括供货商的选择、生产工艺流程、产品包装与储运等；⑤如何投资？明确资金来源与运用、股本结构与规模、费用预算、投资收益与风险分析等；⑥公司的管理架构是怎样的？包括公司性质、组织形式、部门职责等；⑦财务状况如何？如主要财务假设、销售预测、利润及现金流动情况、资产与负债状况等。讨论明确了上述问题后，团队成员梳理商业计划书框架，实施创业计划书的撰写。

5. 撰写 PPT、准备演讲稿及答辩

根据比赛流程，该项目进入校级决赛环节。在该环节决赛的内容为作品展示（PPT展示）、竞赛答辩（现场答辩）。因此团队成员在决赛前制作创业计划书的演示 PPT，PPT 的内容重点包括摘要、项目背景、公司战略、营销策略、经营管理、投资分析、管理体系等，PPT 的总体风格与该项目主题相符，简洁、大气。准备好 PPT 后，团队成员围绕 PPT 内容整理演讲稿，并反复演练，并且就该项目答辩环节可能提问的问题进行梳理，团队成员相互讨论、组织答案，做好决赛前的充分准备。

课后提升

扫描右侧二维码，观看视频《创业计划书的写作方法》，思考如何进行高质量的创业计划书展示。

任务二　“创青春”全国大学生创业大赛中的创新创业案例

自“大众创业、万众创新”的战略实施以来，全国的高校大学生、海外留学生创新创业意识高涨，投入创业实践中。“创青春”全国大学生创业大赛已成为覆盖全国所有高校、面向全体大学生的高校“双创”盛会，培养了一大批有理想、有担当、有能力的创新创业人才，推动了高校“双创”教育的改革深化。参与“创青春”全国大学生创业大赛是机遇也是挑战。

课前学习

学生利用互联网收集资料，了解“创青春”全国大学生创业大赛，并自学本任务课中内容，以小组形式进行如下问题讨论：

（1）简要介绍2018年“创青春”全国大学生创业大赛。

（2）假如你要参加下一届“创青春”全国大学生创业大赛，你的创业计划是什么？用简洁、凝练的语言介绍你的创业项目。

课中学习

案例导入

2018年“创青春”全国大学生创业大赛终审决赛闭幕

2018年11月3日，由共青团中央、教育部、人力资源和社会保障部、中国科协、全国学联、浙江省人民政府主办，浙江大学、共青团浙江省委承办的2018年“创青春”浙大双创杯全国大学生创业大赛终审决赛在浙江大学落下帷幕。

本届大赛以“弄潮创青春，建功新时代”为主题，突出创新+精准、智慧+人文、国际+开放、公正+规范的特点，通过网络评审、公开答辩，大赛评委会最终评定福建农林大学“福建贝洋渔业科技工作室”等69个项目为第十一届“挑战杯”大学生创业计划竞赛金奖，广东工业大学“广州聚匠文化传播有限公司”等35个项目为创业实践挑战赛金奖，香港中文大学“菇创未来”等20个项目为公益创业赛金奖。浙江大学以团体总分第一的成绩捧得冠军杯，北京航空航天大学等20所高校荣获优胜杯。

本次终审决赛期间还举办了人工智能青年论坛、原创话剧专场演出、杭州创新创业园区参观、创新创业成果交易会等活动。据统计，共有64家创投机构、71位知名投资人通过线上线下进行推介和投融资对接，其中线上投资接洽1259次，为150余个优秀项目提供线下深度洽谈189次，累计85个项目达成投融资意向。本届大赛还为124个金奖项目颁发了金钥匙创业孵化政策大奖，为优秀项目与投融资机构搭建了有效对接平台，推动大赛成果转化和落地，取得了丰硕成果。逾3000名参赛学生和观摩师生参加了闭幕式。

（案例来源：“创青春”全国大学生创业大赛官方网站，《2018年“创青春”全国大学生创业大赛终审决赛闭幕》，http：//www. chuangqingchun. net/article/16010/，有改编和删减。）

案例思考

结合材料，谈谈你对大学生创新创业的看法。

一、“创青春”全国大学生创业大赛

1. 大赛介绍

“创青春”全国大学生创业大赛是在原有“挑战杯”中国大学生创业计划竞赛基础上，由共青团中央、教育部、人力资源社会保障部、中国科协、全国学联共同组织开展，自2014年起举办第一届，每两年举办一次。

大赛下设大学生创业计划竞赛（“挑战杯”中国大学生创业计划竞赛）、创业实践挑战赛、公益创业赛3项主体赛事。大学生创业计划竞赛面向高等学校在校学生，以商业计划书评审、现场答辩等作为参赛项目的主要评价内容；创业实践挑战赛面向高等学校在校学生或毕业未满3年的高校毕业生，且应已投入实际创业3个月以上，以盈利状况、发展前景等作为参赛项目的主要评价内容；公益创业赛面向高等学校在校学生，以创办非营利性质社会组织的计划和实践等作为参赛项目的主要评价内容。

在符合大赛宗旨、具有良好导向的前提下，可根据实际需要设立专项赛事。

2. 参赛条件与项目申报条件

根据《“创青春”全国大学生创业大赛 章程》第十七条及第十八条的规定，参赛条件与项目申报条件如表5-3、表5-4所示。

表5-3　“创青春”全国大学生创业大赛参赛条件

<table>
<tr><th>赛事类别</th><th colspan="2">参赛条件</th></tr>
<tr><td>大学生创业计划竞赛</td><td rowspan="3">凡在举办大赛终审决赛的当年7月1日以前正式注册的全日制非成人教育的各类高等院校在校专科生、本科生、硕士研究生和博士研究生（均不含在职研究生）可参加全部三项主体赛事</td><td>—</td></tr>
<tr><td>创业实践挑战赛</td><td>毕业三年以内（时间截至举办大赛终审决赛的当年7月1日）的专科生、本科生、硕士研究生和博士研究生可代表原所在高校参加创业实践挑战赛（需提供毕业证证明，仅可代表最终学历颁发高校参赛）</td></tr>
<tr><td>公益创业赛</td><td>—</td></tr>
</table>

3. 参赛形式

以学校为单位统一申报，以创业团队形式参赛，原则上每个团队人数不超过10人。网络初评开始后，只可进行人员删减，不可进行人员顺序调整及人员添加。

表5－4　　　　　“创青春”全国大学生创业大赛项目申报条件

<table>
<tr><th>赛事类别</th><th colspan="2">项目申报条件</th></tr>
<tr><td rowspan="2">大学生创业计划竞赛</td><td rowspan="2">参加竞赛项目分为已创业与未创业两类；分为农林、畜牧、食品及相关产业，生物医药，化工技术和环境科学，信息技术和电子商务，材料，机械能源，文化创意和服务咨询7个组别。实行分类、分组申报</td><td>拥有或授权拥有产品或服务，并已在工商、民政等政府部门注册登记为企业、个体工商户、民办非企业单位等组织形式，且法人代表或经营者为符合参赛条件的在校学生，运营时间在3个月以上（以预赛网络报备时间为截止日期）的项目，可申报已创业类</td></tr>
<tr><td>拥有或授权拥有产品或服务，具有核心团队，具备实施创业的基本条件，但尚未在工商、民政等政府部门注册登记或注册登记时间在3个月以下的项目，可申报未创业类</td></tr>
<tr><td>创业实践挑战赛</td><td colspan="2">拥有或授权拥有产品或服务，并已在工商、民政等政府部门注册登记为企业、个体工商户、民办非企业单位等组织形式，且法人代表或经营者符合参赛条件，运营时间在3个月以上（以预赛网络报备时间为截止日期）的项目，可申报该赛事。申报不区分具体类别、组别</td></tr>
<tr><td>公益创业赛</td><td colspan="2">拥有较强的公益特征（有效解决社会问题，项目收益主要用于进一步扩大项目的范围、规模或水平）、创业特征（通过商业运作的方式，运用前期的少量资源撬动外界更广大的资源来解决社会问题，并形成可自身维持的商业模式）、实践特征（团队须实践其公益创业计划，形成可衡量的项目成果，部分或完全实现其计划的目标成果）的项目，且参赛学生符合参赛条件，可申报该赛事。申报不区分具体类别、组别</td></tr>
</table>

4. 赛程安排

比赛分地区赛、国家赛，各省（自治区、直辖市）应举办省级赛事；原则上，各副省级城市、省会城市应举办市级赛事；鼓励有条件的市（地、州、盟）及县（市、区、旗）举办相应赛事。

二、“福州三体文化传媒有限公司”项目

“福州三体文化传媒有限公司”项目是2016年“创青春”中航工业·第十届“挑战杯”大学生创业计划竞赛金奖作品。该团队以福建农林大学经济学院金融学专业“95后”女孩童玺为核心，她于2015年以自媒体为切入点，创立了“三体迷”创业项目，以“自媒体＋社群”的模式运作发展粉丝经济。于2016年注册成立福州三体文化传媒有限公司，该公司是一家垂直于泛科幻领域的互联网文化传媒企业，自媒体账号

"三体迷"以发布泛科幻资讯、宇宙天文科普及趣味科学知识等原创内容为主。通过优质的内容扩大品牌知名度，发展周边产品，衍生新的文化产品。

该项目能够一举夺得大赛金奖，综合分析该项目具有以下特点。

1. 自媒体打造粉丝经济

在自媒体时代，人人都是新闻传播者，童玺的团队抓住了时代发展的机遇，依靠自媒体的交互性、自主性、平民化、多样化特点，创立"三体迷"项目，通过发布泛科幻资讯、宇宙天文科普、趣味科学知识吸引聚拢天文及科学爱好者，形成粉丝社群，打造粉丝经济。庞大的用户群体是项目不断发展壮大的必要条件，个性化的内容输出催生了粉丝经济，使得该项目的市场前景一片大好，能够吸引投资者。

2. 内容升级，原创内容获专利

在自媒体时代，论坛、微博、微信以及各种门户网站都成为自媒体传播信息、表达思想、发布内容资讯的主要渠道，各种真实的、虚假的、半真半假的内容开始在自媒体上传播，如何在众多的信息库中脱颖而出、吸引读者呢？童玺的团队在坚持原创的同时，对"三体迷"的文章内容进行升级，原创设计出漫画形象"巴巴蛋"，并获得专利，通过幽默风趣的漫画和视频深入浅出地讲解科学知识，有效地提高了传播力与知名度。

3. 成功孵化 IP，开发周边产品

童玺的团队依据公司发展现状，制定了完善详细的发展战略。在打造一流的天文航天知识科普平台的过程中，公司成功孵化 IP（Intellectual Property，知识产权），开发宇宙和科幻主题的周边产品。如今公司与福建索佳艺陶瓷有限公司共同开发了科幻主题的陶瓷系列的文创产品，与福州书境文化传媒有限公司合作推出了科普教育课程系列的漫画读物，与福州公子谦服饰有限公司合作推出了"三体迷"系列文化衫等。

课后提升

学生通过二维码，阅读《创业新点子的 4 大来源与实现的 7 种方式》，拓展思维，强化创新创业意识。

■ 微信扫一扫
■ 码上就能学

项目小结

本项目围绕"挑战杯"中国大学生创业计划竞赛与"创青春"全国大学生创业大赛展开，通过对大赛背景、参赛条件、比赛内容等的说明，并结合参赛项目分析参赛过程及项目特点，帮助学生了解以上竞赛的特点，激发学生积极参与比赛的兴趣与热情。

课程思政

创新创业是推动社会经济发展的重要动力，大学生作为国家的宝贵人才，是“大众创业、万众创新”的重要力量。当下，大学生创新创业的作用和意义日渐突出，得到社会各界的一致认同，党中央、国务院高度重视创新创业工作，国家各级政府也纷纷出台一系列政策法规，支持鼓励大学生创业创新。

目前，“创青春”全国大学生创业大赛、“挑战杯”中国大学生创业计划竞赛、中国“互联网＋”大学生创新创业大赛是国内鼓励大学生创业创新的重要赛事，每届都有几十万人参与，覆盖面广，影响力大，在积极引导大学生树立创新意识、拓展创新思维，广泛开展创新创业活动，助推科研成果转化和应用，服务国家创新发展方面发挥着重要作用。

我国社会正发生着深刻的变革，经济稳健增长，人民生活水平不断提升，各项新科技、新发明不断出现，综合国力显著提升。作为大学生，要把内心对国家的热爱、认同转化为对习近平新时代中国特色社会主义的信仰，好好学习，掌握扎实的科学知识，全力以赴投入到“大众创业、万众创新”的历史大潮中，做时代创新的开拓者。

参考文献

[1] 王红蕾．电子商务创业实务——微商创业［M］．北京：机械工业出版社，2018.

[2] 李华凤，斯日古楞，魏守长．大学生创新创业教程［M］．北京：电子工业出版社，2018.

[3] 蔡立雄．大学生创新创业基础［M］．北京：北京大学出版社，2018.

[4] 周丽．创新创业大赛实战教程［M］．北京：企业管理出版社，2019.

[5] 中国网信网：http：//www. cac. gov. cn.

[6] 艾瑞咨询网：https：//www. iresearch. com. cn.

[7] 天下网商：http：//i. wshang. com/.

[8] 亿欧网：https：//www. iyiou. com/.

[9] 社会化营销案例库：https：//hd. weibo. com/.